PREFACE

Target your Maths plus Mastery Year 4 has been written to provide a strai[ght]
structure to help teachers plan and teach the statutory requirements set out in t[he]
for Mathematics in the renewed 2014 National Curriculum Framework.

The Year 4 Programme of Study has been organised into eight domains or subdomains.

> Number – number and place value
> Number – addition and subtraction
> Number – multiplication and division
> Number – fractions (including decimals)
> Measurement
> Geometry – properties of shapes
> Geometry – position and direction
> Statistics

The structure of **Target your Maths plus Mastery Year 4** corresponds to that of the Year 4 Programme of Study, differing only in that the two Geometry subdomains are merged into one section. There is also a Review section at the end of the book.

Appendix I of this book matches the statutory requirements and some essential non-statutory guidance of the Year 4 Programme of Study with the relevant pages in **Target your Maths plus Mastery Year 4**. Most requirements are covered by more than one page. The author believes it is important that teachers have ample material from which to select.

There is, of course, no set path through either the Year 4 Programme of Study or **Target your Maths plus Mastery Year 4**, but teachers may find Appendices II and III useful for planning purposes. In these tables one possible approach is given to the planning of the curriculum throughout the year.

In Appendix II the **Target your Maths plus Mastery Year 4** pages for each domain are organised into a three term school year. In Appendix III the work for each term is arranged into twelve blocks, each approximately corresponding to one week's work. For the sake of simplicity blocks are generally based upon one domain only.

The structure as set out in Appendix II and III enables teachers to develop concepts progressively throughout the year and provides pupils with frequent opportunities to consolidate previous learning.

APPENDIX I

The page numbers are references in **Target your Maths plus Mastery Year 4**.

Year 4 Programme of Study

Number and place value

6, 7	■ count in multiples of 6, 7, 9, 25 and 1000
8	■ find 1000 more or less than a given number
9	■ count backwards through zero to include negative numbers
4	■ recognise the place value of each digit in a four-digit number (thousands, hundreds, tens and ones)
5	■ order and compare numbers beyond 1000
2–3	■ identify, represent and estimate numbers using different representations
10, 11	■ round any number to the nearest 10, 100 or 1000
2–11	■ solve number and practical problems that involve all of the above and with increasingly large positive numbers
12–13	■ read Roman numerals to 100 (I to C) and know that over time, the numeral system changed to include the concept of zero and place value
138	■ number review page

Addition and subtraction

22–27, 99	■ add and subtract numbers with up to 4 digits using the formal written methods of columnar addition and subtraction where appropriate
28–31	■ estimate and use inverse operations to check answers to a calculation
56–59	■ solve addition and subtraction two-step problems in contexts, deciding which operations and methods to use and why
14–21, 102, 103	■ practise mental methods with increasingly large numbers (non-statutory guidance)
139	■ calculations review page – addition and subtraction

Multiplication and division

32–39	■ recall multiplication and division facts for multiplication tables up to 12 × 12
40, 41, 45, 62	■ use place value, known and derived facts to multiply and divide mentally, including: multiplying by 0 and 1; dividing by 1; multiplying together three numbers
46, 47	■ recognise and use factor pairs and commutativity in mental calculations
48, 49, 54, 100	■ multiply two-digit and three-digit numbers by a one-digit number using formal written layout
55–61, 63, 102, 103	■ solve problems involving multiplying and adding, including using the distributive law to multiply two digit numbers by one digit, integer scaling problems and harder correspondence problems such as *n* objects are connected to *m* objects
50–54, 101	■ become fluent in the formal written method of short division with exact answers (non-statutory guidance)
139, 143	■ calculations review pages

Fractions (including decimals)

64	■ recognise and show, using diagrams, families of common equivalent fractions
66	■ count up and down in hundredths; recognise that hundredths arise when dividing an object by one hundred and dividing tenths by ten
67–69	■ solve problems involving increasingly harder fractions to calculate quantities, and fractions to divide quantities, including non-unit fractions where the answer is a whole number
70, 71	■ add and subtract fractions with the same denominator
72–74	■ recognise and write decimal equivalents of any number of tenths or hundredths
72–74	■ recognise and write decimal equivalents to $\frac{1}{4}, \frac{1}{2}, \frac{3}{4}$
75	■ find the effect of dividing a one- or two-digit number by 10 and 100, identifying the value of the digits in the answer as ones, tenths and hundredths
79	■ round decimals with one decimal place to the nearest whole number
80, 81	■ compare numbers with the same number of decimal places up to two decimal places
76–77	■ solve simple measure and money problems involving fractions and decimals to two decimal places
65, 78	■ count using simple fractions and decimals, both forwards and back
140	■ fractions/decimals review page

Measurement

82–89, 106, 107	■ convert between different units of measure [for example, kilometre to metre; hour to minute]
92–97	■ measure and calculate the perimeter of a rectilinear figure (including squares) in centimetres and metres
94–95, 97	■ find the area of rectilinear shapes by counting squares
90, 91, 98–103, 108, 109	■ estimate, compare and calculate different measures, including money in pounds and pence
104–105	■ read, write and convert time between analogue and digital 12- and 24-hour clocks
106, 107	■ solve problems involving converting from hours to minutes; minutes to seconds; years to months; weeks to days
141	■ measurement review page

Geometry (shape and position and direction)

110–113, 115	■ compare and classify geometric shapes, including quadrilaterals and triangles, based on their properties and sizes
118	■ identify acute and obtuse angles and compare and order angles up to two right angles by size
114, 115	■ identify lines of symmetry in 2-D shapes presented in different orientations
116, 117	■ complete a simple symmetric figure with respect to a specific line of symmetry
119–121	■ describe positions on a 2-D grid as coordinates in the first quadrant
120, 122, 123	■ describe movements between positions as translations of a given unit to the left/right and up/down
121	■ plot specified points and draw sides to complete a given polygon
142	■ geometry review page

Statistics

124–127, 132–135
- interpret and present discrete and continuous data using appropriate graphical methods, including bar charts and time graphs

126–129, 130–137
- solve comparison, sum and difference problems using information presented in bar charts, pictograms, tables and other graphs

APPENDIX II The references are page numbers in **Target your Maths plus Mastery Year 4**.

TERM 1	TERM 2	TERM 3
NUMBER		
2–3 Numbers	5 Ordering Numbers	9 Negative Numbers
4 Place Value	7 Counting On 2	11 Rounding 2
6 Counting On 1	10 Rounding 1	12–13 Roman Numerals
8 +/− 10, 100, 1000		
ADDITION AND SUBTRACTION		
14 Using +/− Facts 1	15 Using +/− Facts 2	20 Mental Strategies (+/−) 3
16 Mental +/− of Multiples of 10, 100, 1000	18 Mental Strategies (+/−) 1	21 Mental Strategies (+/−) 4
17 Mental +/− Two 2-digit Numbers	19 Mental Strategies (+/−) 2	26 Written Method (+/−) 1
22 Written Method (+) 1	23 Written Method (+) 2	27 Written Method (+/−) 2
24 Written Method (−) 1	25 Written Method (−) 2	28 Estimating and Checking Answers
30 Addition Pyramids	29 Magic Squares	31 Arithmagons
MULTIPLICATION AND DIVISION		
32 Multiplication Facts Review 1	36 Multiplication Facts Review 2	39 Multiplication Facts Review 3
33 Multiplication Facts For 6	37 Multiplication Facts For 11	43 Using Partitioning to Multiply 2
34 Multiplication Facts For 7	38 Multiplication Facts For 12	44 Using Partitioning to Divide
35 Multiplication Facts For 9	42 Using Partitioning to Multiply 1	45 Multiplying 3 Numbers Together
40 Multiplying Multiples of 10/100	47 Factors 2	54 Written Method (×/÷)
41 Dividing Multiples of 10/100	49 Written Method (×) 2	57 Word Problems – Mental 2
46 Factors 1	52 Written Method (÷) 3	59 2-Step Word Problems 2
48 Written Method (×) 1	53 Written Method (÷) 4	61 Word Problems (Written) 2
50 Written Method (÷) 1	56 Word Problems – Mental 1	62 Multiplication Pyramids
51 Written Method (÷) 2	58 2-Step Word Problems 1	63 Find The Numbers
55 Word Problems (×/÷ Facts)	60 Word Problems (Written) 1	
FRACTIONS		
64 Equivalent Fractions	68 Fractions of Quantities 2	69 Fractions of Quantities 3
65 Counting in Fractions	70 +/− of Fractions 1	71 +/− of Fractions 2
66 Tenths and Hundredths	74 Decimal Fractions ($\frac{1}{10}$s, $\frac{1}{100}$s) 2	79 Rounding Decimals
67 Fractions of Quantities 1	75 Dividing a 2-Digit Number by 10, 100	80 Ordering Decimals
72 Decimal Fractions – Tenths	76–77 Decimals – Money and Measures	81 Decimals on Number Lines
73 Decimal Fractions ($\frac{1}{10}$s, $\frac{1}{100}$s) 1	78 Counting in Decimals	

vii

	TERM 1	TERM 2	TERM 3
MEASUREMENT	82 Metric Units of Length 1 83 Metric Units of Weight 1 84 Metric Units of Capacity 1 92–93 Perimeter 1 94–95 Area and Perimeter 1 104–105 12-Hour and 24-Hour Clocks 106 Units of Time 1 108 Time Problems 1	85 Metric Units of Length 2 86 Metric Units of Weight 2 87 Metric Units of Capacity 2 88 Measuring Weight 90 Measures Problems 1 96 Perimeter 2 97 Area and Perimeter 2 99 Money (+/−) 102 Money Problems (Mental) 1	89 Measuring Capacity 91 Measures Problems 2 98 Measures – Mental Calculations 100 Money (×) 101 Money (÷) 103 Money Problems (Mental) 2 107 Units of Time 2 109 Time Problems 2
GEOMETRY	110–111 Two-Dimensional Shapes 112 Triangles 114 Line Symmetry 118 Comparing Angles 119 Position	113 Quadrilaterals 116 Symmetry 1 120 Co-ordinates 1 122 Position and Direction	115 Drawing 2-D Shapes 117 Symmetry 2 121 Co-ordinates 2 123 Translations
STATISTICS	124–125 Bar Charts 1 126–127 Pictograms	128–129 Bar Charts 2 132–133 Continuous Data 1 136–137 Using Tables	130–131 Bar Charts 3 134–135 Continuous Data 2
			REVIEW 138 Number Review 139 Calculations Review 140 Fractions/Decimals Review 141 Measures Review 142 Geometry Review 143 Mental Tests

APPENDIX III The references are page numbers in **Target your Maths plus Mastery Year 4**. Each block corresponds to approximately one week's work.

TERM 1	TERM 2	TERM 3
Block 1 NUMBER 2–3 Numbers 4 Place Value 6 Counting On 1 8 Add/Subtract 10, 100, 1000	**Block 1 NUMBER** 5 Ordering Numbers 7 Counting On 2 10 Rounding 1	**Block 1 NUMBER** 9 Negative Numbers 11 Rounding 2 12–13 Roman Numerals
Block 2 ADDITION AND SUBTRACTION 14 Using +/− Facts 1 16 Mental +/− of Multiples of 10, 100, 1000 17 Mental +/− of Two 2-Digit Numbers 30 Addition Pyramids	**Block 2 ADDITION AND SUBTRACTION** 15 Using +/− Facts 2 18 Mental Strategies (+/−) 1 23 Written Method (+) 2 25 Written Method (−) 2	**Block 2 ADDITION AND SUBTRACTION** 20 Mental Strategies (+/−) 3 26 Written Method (+/−) 1 28 Estimating and Checking Answers
Block 3 CALCULATIONS (+, −, ×, ÷) 22 Written Method (+) 1 24 Written Method (−) 1 32 Multiplication Facts Review 1 33 Multiplication Facts For 6	**Block 3 MULTIPLICATION AND DIVISION** 36 Multiplication Facts Review 2 37 Multiplication Facts For 11 49 Written Method (×) 2 52 Written Method (÷) 3	**Block 3 MULTIPLICATION AND DIVISION** 39 Multiplication Facts Review 3 43 Using Partitioning to Multiply 2 44 Using Partitioning to Divide
Block 4 FRACTIONS 64 Equivalent Fractions 65 Counting in Fractions 66 Tenths and Hundredths 67 Fractions of Quantities 1	**Block 4 FRACTIONS** 74 Decimal Fractions ($\frac{1}{10}$s, $\frac{1}{100}$s) 2 75 Dividing a 2-Digit Number by 10, 100 76–77 Decimals – Money and Measures	**Block 4 FRACTIONS** 71 +/− of Fractions 2 79 Rounding Decimals 80 Ordering Decimals 81 Decimals on Number Lines
Block 5 MEASUREMENT 104–105 12-Hour and 24-Hour Clocks 106 Units of Time 1 108 Time Problems 1	**Block 5 MEASUREMENT** 85 Metric Units of Length 2 86 Metric Units of Weight 2 87 Metric Units of Capacity 2 88 Measuring Weight	**Block 5 MEASUREMENT** 89 Measuring Capacity 91 Measures Problems 2 98 Measures – Mental Calculations 103 Money Problems (Mental) 2
Block 6 GEOMETRY 110–111 Two-Dimensional Shapes 112 Triangles	**Block 6 GEOMETRY** 113 Quadrilaterals 116 Symmetry 1 120 Co-ordinates 1 122 Position and Direction	**Block 6 GEOMETRY** 115 Drawing 2-D Shapes 117 Symmetry 2 121 Co-ordinates 2 123 Translations

TERM 1	TERM 2	TERM 3
Block 7 MULTIPLICATION AND DIVISION 46 Factors 1 34 Multiplication Facts For 7 48 Written Method (×) 1 50 Written Method (÷) 1	**Block 7** MULTIPLICATION AND DIVISION 38 Multiplication Facts For 12 47 Factors 2 53 Written Method (÷) 4 56 Word Problems (Mental) 1	**Block 7** ADDITION AND SUBTRACTION 21 Mental Strategies (+/−) 4 27 Written Method (+/−) 2 31 Arithmagons
Block 8 FRACTIONS/MEASUREMENT 72 Decimal Fractions – Tenths 73 Decimal Fractions ($\frac{1}{10}$s, $\frac{1}{100}$s) 1 82 Metric Units of Length 1 83 Metric Units of Weight 1 84 Metric Units of Capacity 1	**Block 8** MEASUREMENT 96 Perimeter 2 97 Area and Perimeter 2	**Block 8** MULTIPLICATION AND DIVISION 45 Multiplying 3 Numbers Together 54 Written Method (×/÷) 57 Word Problems (Mental) 2 62 Multiplication Pyramids
Block 9 STATISTICS 124–125 Bar Charts 1 126–127 Pictograms	**Block 9** STATISTICS 128–129 Bar Charts 2 132–133 Continuous Data 1 136–137 Using Tables	**Block 9** MEASUREMENT 107 Units of Time 2 109 Time Problems 2 100 Money (×) 101 Money (÷)
Block 10 MULTIPLICATION AND DIVISION 35 Multiplication Facts For 9 40 Multiplying Multiples of 10, 100 41 Dividing Multiples of 10, 100 51 Written Method (÷) 2 55 Word Problems (×/÷ Facts)	**Block 10** FRACTIONS 68 Fractions of Quantities 2 70 +/− of Fractions 1 78 Counting in Decimals	**Block 10** STATISTICS 130–131 Bar Charts 3 134–135 Continuous Data 2
Block 11 MEASUREMENT 92–93 Perimeter 1 94–95 Area and Perimeter 2	**Block 11** MEASUREMENT 90 Measures Problems 1 99 Money (+/−) 102 Money Problems (Mental) 1	**Block 11** +, −, ×, ÷ AND FRACTIONS 59 2-Step Word Problems 2 61 Word Problems (Written) 2 63 Find The Numbers 69 Fractions of Quantities 3
Block 12 GEOMETRY 114 Line Symmetry 118 Comparing Angles 119 Position	**Block 12** CALCULATIONS (+, −, ×, ÷) 42 Using Partitioning To Multiply 1 58 2-Step Word Problems 1 60 Word Problems (Written) 1 19 Mental Strategies (+/−) 2 29 Magic Squares	**Block 12** REVIEW 138 Number Review 139 Calculations Review 140 Fractions/Decimals Review 141 Measures Review 142 Geometry Review 143 Mental Tests

YEAR 4 ANSWERS

Page 2

A

1. London 297
   Glasgow 573
   Blackpool 405
   Plymouth 89
   Bristol 200
   Aberdeen 692
   Shrewsbury 303
   John o'Groats 868

2. a) two hundred and eighty-one
   b) four hundred and ninety-eight
   c) three hundred and twenty
   d) five hundred and seventy-four
   e) four hundred and seven
   f) three hundred and thirteen
   g) six hundred and forty-two
   h) two hundred and six
   i) one hundred and twenty-three
   j) seven hundred and forty
   k) three hundred and sixty-one
   l) two hundred and fifty-nine

Page 3

B

1. Montreal 3100
   Amsterdam 2042
   Tokyo 1806
   Lagos 8030
   Chicago 9324
   Santiago 7547
   Johannesburg 4801
   Washington 6097

2. a) one thousand five hundred and fifty
   b) six thousand nine hundred and eighty-five
   c) five thousand seven hundred and three
   d) four thousand one hundred and sixty-nine
   e) eight hundred and ninety-eight
   f) nine thousand two hundred and forty-eight
   g) seven thousand two hundred and fifty-four
   h) two hundred and twenty
   i) three thousand six hundred and seventy-two
   j) ten thousand five hundred and sixty-five

C

1. sixty thousand
2. thirty-nine thousand and ninety-five
3. forty-four thousand one hundred and seventy-one
4. fifty thousand nine hundred and four
5. twenty-seven thousand two hundred and twenty-eight
6. seventy-five thousand eight hundred and thirty-seven
7. fifteen thousand three hundred and nine
8. thirty-six thousand and sixty-four
9. forty-nine thousand five hundred and forty
10. eighty thousand six hundred and twelve
11. 300 000
12. 250 000
13. 690 000
14. 500 000
15. 108 000

Mastery

Nine hundred and ninety-nine
901

Page 4

A

1. 6
2. 30
3. 500
4. 40
5. 900
6. 7
7. 50
8. 300
9. 20
10. 300
11. 5
12. 60
13. 8
14. 600
15. 50
16. 400
17. 9
18. 80
19. 474
20. 619
21. 306
22. 943
23. 587
24. 340
25. 752
26. 418
27. 1075
28. 831

B

1. 40
2. 200
3. 8
4. 1000
5. 2
6. 80
7. 8000
8. 200
9. 3000 + 500 + 90 + 7
10. 6000 + 200 + 40 + 1
11. 1000 + 700 + 5
12. 8000 + 300 + 60 + 9
13. 4000 + 600 + 20 + 3
14. 7000 + 100 + 50 + 8
15. 2000 + 800 + 30 + 6
16. 9000 + 400 + 10 + 8
17. +40
18. −2000
19. −300
20. +5000
21. +700
22. +60
23. +4000
24. −500
25. −3000
26. +70

C

1. 1225
2. 4857
3. 496
4. 2931
5. 8064
6. 3790
7. 1347
8. 28 023
9. 561
10. 504
11. 5624
12. 31 881
13. 7463
14. 11 058
15. 48 796
16. 14 020
17. 6017
18. 31 863
19. 6409
20. 45 116
21. +7000
22. −50
23. −2090
24. +90 002
25. 3400
26. 51 000
27. 250
28. 4380

Mastery

(a) 8453
(b) 3079
(c) 6120

Page 5

A

1. 57
2. 23
3. 891
4. 408
5. 687
6. 736
7. 845
8. 201
9. 329
10. 827
11. 125 152 215 251
12. 639 693 936 963
13. 748 784 847 874
14. 324 342 423 432
15. True
16. False
17. False
18. False

B

1. >
2. <
3. <
4. >
5. >
6. <
7. >
8. <
9. 3794 3974 4379 4397
10. 5628 5682 5826 6258
11. 8913 8931 9183 9318
12. 2002 2020 2202 2220
13. −300
14. +70
15. +2000
16. +50
17. −4000
18. +60

C

1 2320	**4** 1750	**7** 24 700	**10** +424
2 1910	**5** 5900	**8** 3550	**11** +290
3 13 900	**6** 9000	**9** −210	**12** +1100

13 a) 100s 8, 6 10s 5, 4 1s 2, 1
   b) 100s 1, 2 10s 5, 4 1s 8, 6
   c) 865, 124
   d) 486, 512

Mastery
Range of possible answers, for example
4180 < 9604   6901 > 1849

Page 6
A

1 35	**6** 32	**11** 56	**16** 34
2 18	**7** 28	**12** 48	**17** 44
3 18	**8** 170	**13** 39	**18** 75
4 32	**9** 33	**14** 110	
5 120	**10** 60	**15** 72	

B

1 28	**4** 49	**7** 104	**10** 99
2 64	**5** 45	**8** 60	**11** 100
3 100	**6** 930	**9** 6006	**12** 3305

C

1 333	**4** 3875	**7** 30 902	**10** 960
2 14 847	**5** 534 210	**8** 293	**11** 10 306
3 14 130	**6** 6630	**9** 7064	**12** 62 073

Mastery
(a) 42, 84, 126
(b) 63, 126, 189
(c) 126, 252, 378
(d) 150, 300, 450

Page 7
A

1 30	**9** 27 37 47 57 67 77
2 70	**10** 30 80 130 180 230 280
3 200	**11** 63 163 263 363 463 563
4 500	**12** 6 11 16 21 26 31
5 45	**13** 4 14 24 34 44 54
6 60	**14** 120 170 220 270 320 370
7 250	**15** 9 109 209 309 409 509
8 700	**16** 23 28 33 38 43 48

B

1 1330	**6** 3100	**11** 7658	**16** 1021
2 640	**7** 2145	**12** 4599	**17** 3285
3 3229	**8** 1338	**13** 185	**18** 5067
4 7033	**9** 5740	**14** 8535	**19** 4008
5 870	**10** 1274	**15** 422	**20** 8139

C

1 26 238	**4** 11 605	**7** 370 129
2 10 204	**5** 85 320	**8** 112 517
3 51 960	**6** 225 000	**9** 143 701

10 9661 9711 9761 9811 9861 9911 9961 10 011 10 061
11 454 638 454 663 454 688 454 713 454 738 454 763 454 788 454 813
12 292 086 302 086 312 086 322 086 332 086
13 166 207 166 707 167 207 167 707 168 207 168 707 169 207 169 707 170 207 170 707
14 8040 8290 8540 8790 9040 9290 9540 9790 10 040
15 861 135 871 135 881 135 891 135 901 135 911 135 921 135
16 175 204 180 204 185 204 190 204 195 204 200 204 205 204 210 204
17 419 136 421 636 424 136 426 636 429 136 431 636

Mastery
Pupils' own responses.

Page 8
A

1 330	**6** 744	**11** 220	**16** 167
2 682	**7** 115	**12** 804	**17** 115 ml
3 253	**8** 880	**13** 430	**18** 252 miles
4 996	**9** 571	**14** 280	
5 527	**10** 750	**15** 744	

B

1 1642	**6** 7083	**11** 4596	**16** 3919
2 2318	**7** 8970	**12** 8045	**17** £3938
3 8247	**8** 5365	**13** 178	**18** 868
4 4499	**9** 9321	**14** 4633	
5 3846	**10** 3947	**15** 8062	

C

1 28 929	**7** 167 253	**13** 58 749
2 13 178	**8** 420 950	**14** 22 004
3 149 990	**9** 75 298	**15** 169 491
4 234 836	**10** 36 873	**16** 941 816
5 32 575	**11** 200 402	**17** 49 917
6 16 024	**12** 591 957	**18** 18 512 miles

Mastery
110
900

Page 9
A

1 A 3	**2** 0	**6** −4	**10** −4
B 1	**3** −3	**7** −8	**11** −1
C −2	**4** −2	**8** −3	**12** −3
D −4	**5** −1	**9** −2	**13** −4

B

1 E 6	**2** −5	**6** −4	**10** −6
F 2	**3** 1	**7** −8	**11** −3
G −3	**4** −8	**8** −3	**12** −5
H −7	**5** −2	**9** −5	**13** −2

C

1 −4 −6 −8	**5** −1 −3 −5	**9** −2
2 0 −4 −8	**6** 0 −5 −10	**10** 5
3 3 0 −3	**7** 4	**11** −1
4 0 −1 −2	**8** 7	**12** 10

Mastery

−5
−10

Page 10

A

1 40	**5** 70	**9** 900	**13** 500
2 30	**6** 70	**10** 300	**14** 300
3 90	**7** 40	**11** 700	**15** 200
4 10	**8** 50	**12** 700	**16** 900

B

1 260	**5** 1670	**9** 1300	**13** 300
2 760	**6** 5730	**10** 800	**14** 3900
3 540	**7** 2100	**11** 2900	**15** 7400
4 480	**8** 8330	**12** 6600	**16** 4500

17 a) 5250 **b)** 5200 **c)** 5000
18 a) 970 **b)** 1000 **c)** 1000
19 a) 2490 **b)** 2500 **c)** 2000
20 a) 3630 **b)** 3600 **c)** 4000
21 a) 8320 **b)** 8300 **c)** 8000
22 a) 1750 **b)** 1800 **c)** 2000
23 a) 9560 **b)** 9600 **c)** 10 000
24 a) 4840 **b)** 4800 **c)** 5000
25 a) 7180 **b)** 7200 **c)** 7000
26 a) 3930 **b)** 3900 **c)** 4000
27 a) 1520 **b)** 1500 **c)** 2000
28 a) 6070 **b)** 6100 **c)** 6000
29 a) 2690 **b)** 2700 **c)** 3000
30 a) 9150 **b)** 9100 **c)** 9000
31 a) 240 **b)** 200 **c)** 0
32 a) 8550 **b)** 8600 **c)** 9000

C

1 58 400	**8** 43 700	**15** 61 000	**22** 70
2 19 600	**9** 16 000	**16** 26 000	**23** 60
3 34 800	**10** 12 000	**17** 100	**24** 240
4 79 500	**11** 57 000	**18** 80	**25** 160
5 81 500	**12** 94 000	**19** 90	**26** 210
6 25 300	**13** 34 000	**20** 40	**27** 200
7 19 200	**14** 30 000	**21** 20	**28** 300

Mastery

Any number between 4995 and 5004.

Page 11

A

1 70	**9** 60	**17** 800	**25** £2
2 30	**10** 100	**18** 300	**26** £9
3 50	**11** 300	**19** 200	**27** £6
4 80	**12** 500	**20** 700	**28** £3
5 20	**13** 900	**21** £7	**29** £7
6 50	**14** 900	**22** £9	**30** £4
7 20	**15** 300	**23** £5	
8 90	**16** 600	**24** £5	

B

1 140	**6** 2690	**11** 4700	**16** 5200
2 840	**7** 4360	**12** 300	**17** 3200
3 530	**8** 1030	**13** 2600	**18** 2900
4 260	**9** 3720	**14** 800	**19** 9400
5 920	**10** 8480	**15** 1500	**20** 6700

21 a) 1280 **b)** 1300 **c)** 1000
22 a) 880 **b)** 900 **c)** 1000
23 a) 5930 **b)** 5900 **c)** 6000
24 a) 8750 **b)** 8800 **c)** 9000
25 a) 3280 **b)** 3300 **c)** 3000
26 a) 6590 **b)** 6600 **c)** 7000
27 a) 9420 **b)** 9400 **c)** 9000
28 a) 4160 **b)** 4200 **c)** 4000
29 a) 2610 **b)** 2600 **c)** 3000
30 a) 7360 **b)** 7400 **c)** 7000

C

1 11 340	**6** 53 450	**11** 24 200	**16** 502 500
2 42 720	**7** 117 080	**12** 50 800	**17** 47 400
3 35 290	**8** 22 920	**13** 172 300	**18** 631 700
4 73 160	**9** 234 400	**14** 16 700	**19** 180 400
5 121 560	**10** 390 830	**15** 298 400	**20** 364 000

21 a) 62 360 **b)** 62 400 **c)** 62 000
22 a) 118 100 **b)** 118 100 **c)** 118 000
23 a) 49 510 **b)** 49 500 **c)** 50 000
24 a) 30 200 **b)** 30 200 **c)** 30 000
25 a) 291 800 **b)** 291 800 **c)** 292 000
26 a) 27 010 **b)** 27 000 **c)** 27 000
27 a) 104 290 **b)** 104 300 **c)** 104 000
28 a) 53 470 **b)** 53 500 **c)** 53 000
29 a) 215 630 **b)** 215 600 **c)** 216 000
30 a) 170 060 **b)** 170 100 **c)** 170 000

Mastery

Any amount between £95 and £104.

Page 12

A

1 4	**10** 24	**19** XXX	**28** XXXII
2 18	**11** 13	**20** XI	**29** XXIX
3 22	**12** 31	**21** XVII	**30** XIV
4 35	**13** 27	**22** XV	**31** XXXVIII
5 11	**14** 40	**23** IX	**32** VI, II, VIII
6 7	**15** 19	**24** XXXIV	**33** XII
7 20	**16** 25	**25** XXIII	**34** MM, XXVII
8 39	**17** III	**26** X	**35** XVI, MMV
9 5	**18** XXVI	**27** XVII	

Page 13

B

1 42	**10** 58	**19** LXIII	**28** LXVIII
2 79	**11** 99	**20** LXXXIX	**29** XCVII
3 96	**12** 45	**21** XCV	**30** LV
4 54	**13** 84	**22** LXXIV	**31** XLIV
5 49	**14** 66	**23** XLI	**32** XIV, LXXV
6 81	**15** 90	**24** LIX	**33** XLIII
7 93	**16** 49	**25** XCII	**34** LXI
8 60	**17** XCIV	**26** LXXXIII	**35** LXXX, LIX
9 75	**18** XLVIII	**27** XLVI	

C

1 136	**15** 422	**29** DCCXCI
2 614	**16** 669	**30** DXXXVI
3 295	**17** CDXLIII	**31** DCLII
4 829	**18** DLXXX	**32** CXIX
5 342	**19** CIX	**33** CCXLVI
6 734	**20** CMLXXXV	**34** CCCXIV
7 903	**21** CCXII	**35** CLXXXVII
8 480	**22** DCLXXVIII	**36** CCXCVIII
9 553	**23** DCCXIV	**37** 433
10 898	**24** CCCLII	**38** 279
11 967	**25** DCCCXLIX	**39** 554
12 740	**26** CDXCVI	**40** 886
13 171	**27** CMXXVIII	**41** 172
14 208	**28** CLXIV	

Mastery

Pupils' own responses.

Page 14

A

1 15	**11** 13	**21** 8	**31** 7
2 15	**12** 17	**22** 9	**32** 14
3 12	**13** 12	**23** 7	**33** 25 + 18 = 43
4 13	**14** 14	**24** 5	18 + 25 = 43
5 14	**15** 18	**25** 12	43 − 18 = 25
6 16	**16** 15	**26** 7	43 − 25 = 18
7 12	**17** 8	**27** 9	**34** 37 + 29 = 66
8 16	**18** 7	**28** 9	29 + 37 = 66
9 11	**19** 9	**29** 6	66 − 29 = 37
10 14	**20** 6	**30** 8	66 − 37 = 29

B

1 130	**11** 1500	**21** 19 + 36 = 55
2 140	**12** 1200	55 − 19 = 36
3 130	**13** 1300	55 − 36 = 19
4 150	**14** 1600	**22** 83 − 29 = 54
5 140	**15** 2000	54 + 29 = 83
6 70	**16** 800	29 + 54 = 83
7 80	**17** 600	**23** 24 + 48 = 72
8 70	**18** 600	72 − 24 = 48
9 110	**19** 700	72 − 48 = 24
10 60	**20** 1200	**24** 61 − 34 = 27
		34 + 27 = 61
		27 + 34 = 61

C

1 40	**13** 900	**22** 88 + 46 = 134
2 60	**14** 5000	46 + 88 = 134
3 70	**15** 400	134 − 46 = 88
4 60	**16** 900	134 − 88 = 46
5 70	**17** 8000	**23** 470 + 330 = 800
6 80	**18** 900	330 + 470 = 800
7 40	**19** 8000	800 − 330 = 470
8 90	**20** 700	800 − 470 = 330
9 160	**21** 280 + 220 = 500	**24** 135 + 112 = 247
10 90	220 + 280 = 500	112 + 135 = 247
11 900	500 − 220 = 280	247 − 112 = 135
12 8000	500 − 280 = 220	247 − 135 = 112

Page 15

A

1 14	**9** 6	**17** 12 − 3 = 9
2 13	**10** 7	13 − 4 = 9
3 13	**11** 5	14 − 5 = 9
4 12	**12** 9	16 − 7 = 9
5 14	**13** 6	17 − 8 = 9
6 15	**14** 9	18 − 9 = 9
7 14	**15** 8	19 − 10 = 9
8 17	**16** 9	

B

1 110	**9** 60	**17** 1600	**25** 600
2 140	**10** 70	**18** 1200	**26** 400
3 130	**11** 80	**19** 1300	**27** 900
4 120	**12** 70	**20** 1100	**28** 800
5 150	**13** 90	**21** 1500	**29** 500
6 140	**14** 80	**22** 1800	**30** 900
7 120	**15** 110	**23** 1200	**31** 900
8 170	**16** 90	**24** 1300	**32** 700

C

1 0·8	**5** 0·5	**9** 0·8	**13** 1·3
2 0·8	**6** 0·7	**10** 0·7	**14** 1·6
3 0·9	**7** 0·9	**11** 0·9	**15** 1·4
4 0·8	**8** 0·6	**12** 0·8	**16** 1·7

Page 16

A

1 168	**7** 831	**13** 602	**19** 631
2 358	**8** 204	**14** 133	**20** 856
3 779	**9** 393	**15** 498	**21** 152
4 265	**10** 915	**16** 83	**22** 249
5 230	**11** 770	**17** 837	**23** 865
6 418	**12** 479	**18** 211	**24** 90

B

1 5280	**7** 2006	**13** 3329	**19** 2440
2 2237	**8** 602	**14** 3415	**20** 1712
3 7713	**9** 2560	**15** 10 071	**21** 1525
4 6338	**10** 5993	**16** 50 650	**22** 2037
5 1470	**11** 5834	**17** 11 916	**23** 3046
6 6260	**12** 1767	**18** 6080	**24** 14 250

C

1 27 999	**7** 701 036	**13** 97 391	**19** 100 100
2 203 864	**8** 280 060	**14** 6429	**20** 317 996
3 306 510	**9** 472 004	**15** 43 004	**21** 293 300
4 107 700	**10** 19 223	**16** 460 218	**22** 9280
5 64 972	**11** 415 500	**17** 420 765	**23** 238 715
6 34 088	**12** 104 030	**18** 616 216	**24** 150 028

Mastery

999
8999
9899

Page 17

A

1 57	**5** 32	**9** 62	**13** 44
2 72	**6** 40	**10** 41	**14** 16
3 81	**7** 44	**11** 51	**15** 90
4 81	**8** 34	**12** 34	**16** 93

B

1 131	5 46	9 24	13 47
2 104	6 82	10 37	14 25
3 133	7 76	11 66	15 70
4 142	8 59	12 28	16 140

C

1 44	5 66	9 47	13 66
2 59	6 59	10 35	14 76
3 67	7 151	11 57	15 146
4 86	8 130	12 97	16 203

Mastery

The maximum 2-digit numbers which can be added are
99 + 99 = 198
198 is a 3-digit number.
There are no larger 2-digit numbers so we cannot add two to make a 4-digit number.

Page 18

top half

A	**B**	**C**
1 90	1 68	1 570
2 50	2 24	2 220
3 20	3 81	3 480
4 70	4 36	4 130
5 60	5 53	5 860
6 25	6 17	6 340
7 85	7 79	7 610
8 45	8 44	8 70
9 75	9 8	9 730
10 35	10 62	10 520

bottom half

A	**B**	**C**
1 6	1 9	1 218
2 5	2 18	2 132
3 7	3 4	3 516
4 11	4 18	4 317
5 13	5 19	5 222
6 16	6 106	6 1219
7 15	7 32	7 2052
8 8	8 208	8 8302
9 9	9 19	9 1017
10 13	10 109	10 1037

Page 19

A		**B**		**C**	
1 70	13 53	1 39	13 114	1 270	13 36
2 50	14 92	2 62	14 133	2 740	14 67
3 10	15 37	3 17	15 48	3 190	15 123
4 80	16 35	4 83	16 65	4 510	16 144
5 60	17 96	5 46	17 121	5 30	17 78
6 30	18 62	6 74	18 152	6 880	18 96
7 85	19 46	7 50	19 86	7 360	19 112
8 35	20 28	8 550	20 77	8 620	20 161
9 75	21 82	9 250	21 107	9 470	21 85
10 15	22 81	10 650	22 171	10 240	22 79
11 95	23 68	11 850	23 34	11 590	23 143
12 45	24 36	12 950	24 58	12 130	24 180

Page 20

top half

A		**B**		**C**	
1 54	6 30	1 95	6 135	1 234	6 252
2 13	7 66	2 58	7 128	2 386	7 378
3 78	8 25	3 111	8 144	3 245	8 825
4 67	9 92	4 28	9 124	4 714	9 582
5 43	10 19	5 107	10 119	5 487	10 345

bottom half

A		**B**		**C**	
1 79	6 34	1 113	6 132	1 79	6 123
2 60	7 48	2 124	7 79	2 122	7 86
3 83	8 15	3 67	8 87	3 76	8 122
4 94	9 37	4 58	9 132	4 131	9 47
5 92	10 48	5 143	10 65	5 74	10 154

Page 21

A		**B**		**C**	
1 25	17 74	1 1353	17 3607	1 440	
2 70	18 91	2 78	18 7608	2 370	
3 93	19 65	3 495	19 3940	3 1009	
4 521	20 44	4 113	20 144	4 1800	
5 76	21 97	5 6905	21 3105	5 380	
6 730	22 79	6 2542	22 122	6 78	
7 54	23 85	7 9932	23 34	7 227	
8 726	24 25	8 5992	24 116	8 250	
9 27	25 55	9 3070	25 81	9 5·1	
10 398	26 74	10 55	26 35	10 33	
11 36	27 42	11 7329	27 69	11 46	
12 7	28 97	12 8574	28 96	12 159 200	
13 12	29 27	13 1120	29 47	13 360	
14 82	30 64	14 4005	30 74	14 2·7	
15 87	31 49	15 67	31 19	15 146	
16 262		16 131		16 737	
				17 86	
				18 16 000	

Page 22

A

1 81	6 294	11 493
2 98	7 407	12 342
3 127	8 638	13 440 g
4 83	9 435	
5 150	10 714	

B

1 2664	6 3830	11 6306
2 2820	7 7047	12 8782
3 4058	8 6463	13 4704
4 3436	9 7828	
5 8843	10 9468	

C

1 28 522	6 65 480	11 96 651
2 54 370	7 83 324	12 72 465
3 60 732	8 90 370	13 £35 334
4 99 083	9 84 461	14 84 131
5 55 511	10 64 171	

Mastery

```
    2 3 4 6           4 0 2 5
+   1 7 5 2       +   3 1 7 6
    ───────           ───────
    4 0 9 8           7 2 0 1
```

Page 23

A

1 276	6 552	11 427
2 592	7 921	12 342
3 438	8 701	13 405
4 776	9 945	
5 729	10 810	

B

1 8489	6 9139	11 4032
2 3932	7 6522	12 9441
3 7560	8 8620	13 £5963
4 4726	9 9816	
5 4386	10 6464	

C
1. 32 421
2. 59 214
3. 60 625
4. 80 434
5. 48 370
6. 69 230
7. 55 163
8. 50 430
9. 80 614
10. 91 850
11. £96 462
12. 84 311
13. 56 077

Mastery

```
    2 3 6 5          9 2 8 2
+     5 1 7 4    +     0 4 2 1
    ─────────        ─────────
    7 5 3 9          9 7 0 3
```

Page 24

A
1. 327
2. 157
3. 618
4. 430
5. 234
6. 275
7. 119
8. 141
9. 456
10. 342
11. 133
12. 162

B
1. 263
2. 674
3. 3194
4. 544
5. 5180
6. 2482
7. 4153
8. 6236
9. 5856
10. 428
11. 1478
12. 1283
13. 1723

C
1. 12 282
2. 12 440
3. 14 123
4. 6588
5. 20 853
6. 58 763
7. 18 358
8. 11 644
9. 47 717
10. 34 915
11. 31 666
12. 35 842
13. £3764
14. 22 957 kg

Mastery

```
    5 8 9 6          4 1 6 9
−     3 6 0 6    −     1 1 3 5
    ─────────        ─────────
    2 2 9 0          3 0 3 4
```

Page 25

A
1. 76
2. 215
3. 286
4. 313
5. 144
6. 419
7. 77
8. 486
9. 256
10. 446
11. 166
12. 388
13. 73
14. 253

B
1. 815
2. 2564
3. 1492
4. 1327
5. 2584
6. 1815
7. 1080
8. 4773
9. 2473
10. 4965
11. 1452
12. 4935
13. 1453 miles

C
1. 22 392
2. 12 805
3. 18 971
4. 24 585
5. 57 304
6. 5652
7. 7418
8. 36 490
9. 15 944
10. 22 714
11. 39 447
12. 14 664
13. £4161
14. 36 776

Mastery

```
    5 6 9 6          7 5 6 7
−     3 9 7 6    −     5 5 2 9
    ─────────        ─────────
    1 7 2 0          2 0 3 8
```

Page 26

A
1. 394
2. 659
3. 692
4. 836
5. 463
6. 916
7. 345
8. 183
9. 316
10. 76
11. 326
12. 136
13. 164
14. 876
15. 345 m

B
1. 2222
2. 4060
3. 7542
4. 9517
5. 8015
6. 6742
7. 4879
8. 695
9. 2488
10. 4759
11. 3899
12. 2503
13. 876
14. £6481
15. 2652

C
1. 72 263
2. 90 852
3. 45 051
4. 61 572
5. 109 111
6. 87 203
7. 45 656
8. 23 935
9. 19 708
10. 45 676
11. 6978
12. 36 194
13. 15 147
14. 100 432

Page 27

A
1. 850
2. 603
3. 902
4. 902
5. 490
6. 658
7. 306
8. 64
9. 325
10. 268
11. 168
12. 455
13. 179
14. 715 miles
15. 66

B
1. 9089
2. 8260
3. 4063
4. 5023
5. 9416
6. 8304
7. 2295
8. 3986
9. 2573
10. 4859
11. 820
12. 1749
13. 245 miles
14. 8124

C
1. 69 325
2. 57 954
3. 71 080
4. 90 433
5. 61 456
6. 85 063
7. 19 647
8. 39 934
9. 15 576
10. 17 197
11. 15 625
12. 58 968
13. 95 080
14. 25 558
15. 12 856

Page 28

A
1. 79
2. 143
3. 184
4. 102
5. 71
6. 49
7. 26
8. 84
9. 109
10. 129
11. 58
12. 72
13. 770
14. 870
15. 260
16. 370

B
1. 251
2. 329
3. 39
4. 384
5. 6153
6. 5305
7. 7707
8. 1420
9. 631
10. 782
11. 511
12. 329
13. 3902
14. 9696
15. 5408
16. 2512

C

1	2168	5	16 840	9	2215	13	35 757
2	2705	6	18 198	10	4109	14	30 603
3	1123	7	13 374	11	4597	15	14 844
4	2051	8	15 322	12	1633	16	47 307

Page 29

A

1.
6	4	11
12	7	2
3	10	8

3.
14	16	6
4	12	20
18	8	10

2.
14	6	7
2	9	16
11	12	4

4.
9	22	17
24	16	8
15	10	23

B

1.
21	24	15
14	20	26
25	16	19

3.
19	17	33
37	23	9
13	29	27

2.
9	30	15
24	18	12
21	6	27

4.
32	15	28
21	25	29
22	35	18

C

1.
3	−2	−1
−4	0	4
1	2	−3

3.
1	0	5
6	2	−2
−1	4	3

2.
2	3	−2
−3	1	5
4	−1	0

4.
−2	−1	6
9	1	−7
−4	3	4

Mastery

Pupils' own responses.

Page 30

A

1. 27
    15   12
    6   9   3

3. 35
    13   22
    5   8   14

5. 43
    26   17
    15   11   6

2. 25
    14   11
    10   4   7

4. 37
    16   21
    4   12   9

6. 50
    30   20
    23   7   13

B

1. 55
    27   28
    12   15   13
    3   9   6   7

4. 102
    46   56
    19   27   29
    7   12   15   14

2. 50
    28   22
    16   12   10
    11   5   7   3

5. 116
    62   54
    27   35   19
    8   19   16   3

3. 94
    59   35
    37   22   13
    20   17   5   8

C

1. 103
    59   44
    39   20   24
    25   14   6   18

4. 170
    84   86
    39   45   41
    22   17   28   13

2. 149
    75   74
    36   39   35
    9   27   12   23

5. 211
    100   111
    41   59   52
    15   26   33   19

3. 183
    95   88
    42   53   35
    13   29   24   11

Mastery

Pupils' own responses.

Page 31

A

1 A 8	2 D 8	3 K 6	4 P 3
B 7	E 5	L 6	Q 5
C 9	F 7	M 8	R 7

B

1 S 6	2 X 7	3 B 11	4 E 2
T 8	Y 4	C 9	F 8
U 9	Z 11	D 7	G 10

C

1 J 9	2 M 21	3 Q 10	4 T 20
K 14	N 13	R 17	U 11
L 18	P 15	S 20	V 15

Mastery

Pupils' own responses.
Odd + Odd = Even, so you could never create an arithmagon that had only odd numbers, as the sums of the odd additions would be even numbers.

Page 32

A

1 20	7 9	13 8	19 22
2 12	8 7	14 5	20 30
3 15	9 16	15 7	21 5
4 100	10 60	16 12	22 1
5 11	11 110	17 45	23 8
6 9	12 8	18 70	24 12

B

1 8	10 10	19 36	28 11
2 9	11 20	20 20	29 7
3 120	12 55	21 32	30 5
4 14	13 15	22 21	31 9
5 6	14 24	23 32	32 4
6 11	15 56	24 96	33 11
7 40	16 30	25 8	34 6
8 50	17 44	26 9	35 12
9 12	18 64	27 6	36 9

7

C

1 5	**10** 9	**19** 240	**28** 40
2 10	**11** 3	**20** 360	**29** 110
3 40	**12** 44	**21** 480	**30** 40
4 24	**13** 270	**22** 330	**31** 120
5 1	**14** 280	**23** 480	**32** 70
6 12	**15** 880	**24** 720	**33** 100
7 20	**16** 180	**25** 100	**34** 70
8 56	**17** 160	**26** 60	**35** 80
9 3	**18** 240	**27** 80	**36** 120

Page 33

A

1 18	**7** 24	**13** 5	**19** 2
2 42	**8** 72	**14** 9	**20** 6
3 30	**9** 0	**15** 4	**21** 10
4 60	**10** 48	**16** 7	**22** 3
5 12	**11** 6	**17** 11	**23** 8
6 54	**12** 36	**18** 1	**24** 12

B

1 4	**7** 66	**13** 9	**19** 42
2 6	**8** 30	**14** 0	**20** 72
3 60	**9** 5	**15** 12	**21** a) 8
4 48	**10** 12	**16** 54	b) 20
5 1	**11** 24	**17** 3	c) 11
6 8	**12** 36	**18** 7	

C

1 120	**10** 100	**19** 144	**28** 9
2 480	**11** 60	**20** 108	**29** 4
3 720	**12** 110	**21** 60	**30** 8
4 420	**13** 70	**22** 96	**31** 3
5 180	**14** 90	**23** 36	**32** 6
6 360	**15** 50	**24** 72	**33** a) 144
7 240	**16** 80	**25** 5	b) 180
8 540	**17** 48	**26** 7	c) 480
9 30	**18** 84	**27** 2	

Mastery

This is true – divisibility rule for 6
e.g. 3 × 6 = 18, 18 is a multiple of 2 and 3
10 × 6 = 60, 60 is a multiple of 2 and 3

Page 34

A

1 14	**7** 21	**13** 3	**19** 1
2 42	**8** 63	**14** 8	**20** 6
3 28	**9** 0	**15** 5	**21** 9
4 56	**10** 49	**16** 10	**22** 4
5 77	**11** 70	**17** 12	**23** 11
6 35	**12** 84	**18** 7	**24** 2

B

1 4	**7** 3	**13** 42	**19** 77
2 7	**8** 5	**14** 70	**20** 35
3 12	**9** 1	**15** 7	**21** 14
4 9	**10** 8	**16** 56	**22** 63
5 0	**11** 2	**17** 21	**23** 28
6 6	**12** 11	**18** 49	**24** 84

C

1 140	**9** 30	**17** 28	**25** 56
2 350	**10** 80	**18** 84	**26** 84
3 630	**11** 120	**19** 42	**27** 147
4 420	**12** 50	**20** 98	**28** 364
5 770	**13** 70	**21** 70	**29** 6
6 560	**14** 40	**22** 126	**30** 13
7 280	**15** 90	**23** 154	**31** 21
8 490	**16** 60	**24** 112	**32** 35

Mastery

Pupils' own responses.

Page 35

A

1 27	**7** 0	**13** 5	**19** 10
2 54	**8** 72	**14** 9	**20** 12
3 90	**9** 9	**15** 2	**21** 3
4 81	**10** 108	**16** 11	**22** 8
5 99	**11** 36	**17** 4	**23** 1
6 45	**12** 63	**18** 7	**24** 6

B

1 2	**7** 9	**13** 63	**19** 45
2 7	**8** 5	**14** 90	**20** 54
3 4	**9** 3	**15** 18	**21** 36
4 10	**10** 12	**16** 81	**22** 9
5 1	**11** 0	**17** 27	**23** 72
6 6	**12** 8	**18** 99	**24** 108

C

1 450	**8** 630	**15** 10	**22** 80
2 810	**9** 90	**16** 90	**23** 50
3 180	**10** 360	**17** 40	**24** 110
4 990	**11** 1080	**18** 60	**25** £576
5 720	**12** 540	**19** 100	**26** 333 kg
6 900	**13** 30	**20** 120	**27** 648
7 270	**14** 70	**21** 20	

Mastery

True – divisibility rule for 9
e.g. 9 × 3 = 27, 2 + 7 = 9
11 × 9 = 99, 9 + 9 = 18, 1 + 8 = 9
12 × 9 = 108, 1 + 0 + 8 = 9
Pupil's own responses

Page 36

A

1 24	**7** 63	**13** 3	**19** 8
2 45	**8** 0	**14** 8	**20** 6
3 12	**9** 54	**15** 7	**21** 9
4 63	**10** 32	**16** 9	**22** 12
5 80	**11** 36	**17** 8	**23** 4
6 48	**12** 49	**18** 8	**24** 8

B

1 6	**10** 72	**19** 810	**28** 60
2 8	**11** 5	**20** 210	**29** 50
3 5	**12** 18	**21** 350	**30** 90
4 9	**13** 400	**22** 450	**31** 70
5 6	**14** 160	**23** 0	**32** 90
6 7	**15** 540	**24** 420	**33** 60
7 36	**16** 210	**25** 70	**34** 70
8 70	**17** 280	**26** 80	**35** 90
9 56	**18** 480	**27** 90	**36** 30

C

1 540	**10** 6	**19** 7200	**28** 800
2 240	**11** 9	**20** 1200	**29** 900
3 320	**12** 3	**21** 5600	**30** 400
4 420	**13** 4800	**22** 3200	**31** 700
5 140	**14** 4000	**23** 4900	**32** 500
6 450	**15** 6300	**24** 3600	**33** 600
7 60	**16** 3000	**25** 300	**34** 700
8 50	**17** 1800	**26** 700	**35** 700
9 80	**18** 0	**27** 800	**36** 800

Page 37

A

1 22	**7** 110	**13** 3	**19** 12
2 99	**8** 66	**14** 6	**20** 4
3 55	**9** 44	**15** 5	**21** 7
4 121	**10** 0	**16** 11	**22** 10
5 88	**11** 132	**17** 8	**23** 1
6 11	**12** 77	**18** 2	**24** 9

B

1 3	**7** 0	**13** 55	**19** 33
2 8	**8** 9	**14** 99	**20** 110
3 6	**9** 4	**15** 11	**21** 77
4 10	**10** 1	**16** 132	**22** 121
5 12	**11** 7	**17** 44	**23** 22
6 2	**12** 11	**18** 88	**24** 66

C

1 440	**8** 1210	**15** 10	**22** 100
2 770	**9** 330	**16** 110	**23** 120
3 220	**10** 1100	**17** 30	**24** 70
4 990	**11** 660	**18** 60	**25** 176
5 0	**12** 1320	**19** 90	**26** 29
6 880	**13** 50	**20** 40	**27** 46
7 550	**14** 80	**21** 20	

Page 38

A

1 84	**7** 0	**13** 6	**19** 9
2 36	**8** 144	**14** 1	**20** 11
3 60	**9** 120	**15** 5	**21** 2
4 108	**10** 96	**16** 8	**22** 7
5 72	**11** 132	**17** 3	**23** 4
6 24	**12** 48	**18** 10	**24** 12

B

1 3	**7** 5	**13** 96	**19** 132
2 8	**8** 12	**14** 48	**20** 60
3 10	**9** 0	**15** 12	**21** 72
4 4	**10** 6	**16** 84	**22** 36
5 7	**11** 11	**17** 120	**23** 144
6 1	**12** 9	**18** 24	**24** 108

C

1 840	**9** 960	**17** 40	**25** 26
2 480	**10** 360	**18** 110	**26** £900
3 0	**11** 1440	**19** 60	**27 a)** 216
4 1320	**12** 720	**20** 20	**b)** 15
5 240	**13** 90	**21** 100	**28 a)** 144
6 600	**14** 50	**22** 80	**b)** 216
7 1080	**15** 10	**23** 30	**c)** 288
8 1200	**16** 70	**24** 120	**d)** 1224

Mastery

True – divisibility rule for 12
e.g. 3 × 12 = 36, 36 is a multiple of 3 and 4
8 × 12 = 96, 96 is a multiple of 3 and 4

Page 39

A

1 18	**7** 6	**13** 7	**19** 21
2 28	**8** 3	**14** 8	**20** 48
3 25	**9** 8	**15** 9	**21** 6
4 77	**10** 120	**16** 5	**22** 4
5 12	**11** 16	**17** 18	**23** 5
6 7	**12** 48	**18** 45	**24** 3

B

1 12	**10** 8	**19** 360	**28** 110
2 6	**11** 10	**20** 490	**29** 80
3 54	**12** 66	**21** 0	**30** 120
4 72	**13** 990	**22** 1320	**31** 120
5 10	**14** 840	**23** 560	**32** 80
6 8	**15** 160	**24** 720	**33** 90
7 1100	**16** 1100	**25** 90	**34** 70
8 121	**17** 720	**26** 60	**35** 90
9 11	**18** 1440	**27** 80	**36** 120

C

1 110	**10** 120	**19** 14 400	**28** 1200
2 40	**11** 420	**20** 5600	**29** 800
3 630	**12** 720	**21** 12 100	**30** 1200
4 960	**13** 7200	**22** 5400	**31** 1200
5 60	**14** 13 200	**23** 9900	**32** 600
6 120	**15** 7200	**24** 5600	**33** 700
7 550	**16** 6300	**25** 1100	**34** 1200
8 420	**17** 7700	**26** 1100	**35** 800
9 60	**18** 7200	**27** 900	**36** 700

Mastery

1 × 13 = 13, 2 × 13 = 26, 39, 52, 65, 78, 91, 104, 117, 130, 143, 156
Pupils' own responses, perhaps along the lines of $n \times 12 + n$

Page 40

A

1 8, 80	**7** 160	**13** 100	**19** 480
2 15, 150	**8** 200	**14** 400	**20** 250
3 18, 180	**9** 300	**15** 360	**21** 120
4 28, 280	**10** 160	**16** 320	
5 90	**11** 270	**17** 60	
6 140	**12** 240	**18** 160	

B

1 800	**8** 4200	**15** 6300
2 3000	**9** 1500	**16** 4200
3 2800	**10** 1400	**17** 2100 ml (2·1 litres)
4 1200	**11** 6400	**18** £20 (2000p)
5 4000	**12** 2700	**19** 5400
6 2700	**13** 3200	**20** 3500 g (3·5 kg)
7 4500	**14** 2400	

C

1 21 000	8 18 000	15 54 000	
2 10 000	9 1200	16 6300	
3 45 000	10 12 000	17 £24 000	
4 36 000	11 5600	18 18 000	
5 72 000	12 18 000	19 72 litres	
6 49 000	13 35 000	20 20 kg	
7 24 000	14 4800		

Page 41

A

1 3, 30	7 20	13 30	19 70
2 4, 40	8 50	14 9	20 40
3 5, 50	9 70	15 80	21 30
4 6, 60	10 40	16 20	
5 20	11 80	17 80	
6 60	12 20	18 90	

B

1 4000	6 300	11 20	16 30
2 500	7 600	12 90	17 £500
3 300	8 900	13 20	18 300
4 600	9 90	14 60	19 90
5 200	10 80	15 70	20 80

C

1 5000	6 700	11 60	16 300
2 8000	7 400	12 90	17 8000
3 2000	8 600	13 600	18 700
4 3000	9 40	14 50	19 £50
5 900	10 70	15 7000	20 4000

Page 42

A

1 32	3 42	5 75
2 115	4 62	6 128

B

1 54	6 104	11 189	16 280
2 220	7 38	12 192	17 180
3 190	8 416	13 54	18 174
4 104	9 245	14 88	19 336
5 123	10 70	15 148	20 236 miles

C

1 325	6 368	11 285	16 536
2 136	7 470	12 680	17 £320
3 164	8 51	13 192	18 162
4 464	9 372	14 216	19 £3·16
5 87	10 148	15 192	20 760 g

Page 43

A

1 52	4 36	7 111	10 272
2 75	5 120	8 96	11 168
3 170	6 88	9 115	12 196

B

1 192	6 342	11 405	16 672
2 258	7 595	12 282	17 336
3 118	8 116	13 268	18 £1·95
4 310	9 424	14 192	19 174
5 51	10 152	15 390	20 156

C

1 209	6 736	11 194	16 996
2 576	7 511	12 594	17 756 litres
3 258	8 588	13 112	18 £10·89
4 342	9 408	14 600	19 864
5 175	10 144	15 329	

Page 44

A

1 34	4 24	7 22	10 31
2 14	5 23	8 12	11 43
3 19	6 15	9 13	12 24

B

1 23	6 13	11 36	16 17
2 13	7 25	12 21	17 13
3 36	8 14	13 14	18 19p
4 15	9 16	14 22	19 18
5 42	10 29	15 28	20 £17

C

1 22	7 67	13 54	19 47p
2 58	8 37	14 33	20 March 14th
3 13	9 65	15 56	21 £75
4 26	10 45	16 76	
5 14	11 39	17 25	
6 32	12 54	18 68	

Page 45

A

1 180	4 280	7 450	10 480
2 180	5 210	8 240	11 120
3 54	6 112	9 84	12 88

B

1 330	6 60	11 144	16 216
2 360	7 480	12 216	17 264
3 108	8 168	13 240	18 168
4 720	9 126	14 224	19 594
5 360	10 900	15 528	20 189

C

1 5600	6 189	11 8	16 30
2 4200	7 2000	12 6	17 2
3 648	8 960	13 9	18 19
4 385	9 960	14 4	19 20
5 1200	10 270	15 5	20 3

Mastery

False – multiplying by 1 would keep the number the same, multiplying by 0 would result in 0
e.g. $3 \times 1 \times 1 = 3$ $5 \times 0 \times 7 = 0$

Page 46

A

1 2, 5	5 1, 2, 3, 6, 9, 18	7 1, 2, 3, 4, 6, 12
3 1, 2, 5, 10	6 1, 2, 3, 6	

B

Number	Arrays	Factors
4	2	1, 2, 4
5	1	1, 5
6	2	1, 2, 3, 6
7	1	1, 7
8	2	1, 2, 4, 8
9	2	1, 3, 9
10	2	1, 2, 5, 10
11	1	1, 11
12	3	1, 2, 3, 4, 6, 12
13	1	1, 13
14	2	1, 2, 7, 14
15	2	1, 3, 5, 15

2 4, 9
4 1, 2, 4, 5, 10, 20
5 1, 2, 4, 8, 16
6 1, 2, 11, 22
7 1, 2, 4, 7, 14, 28
8 1, 5, 7, 35
9 1, 2, 4, 8, 16, 32
10 1, 5, 25
11 1, 2, 4, 5, 8, 10, 20, 40
12 1, 2, 3, 6, 7, 14, 21, 42
13 1, 5, 11, 55
14 1, 2, 5, 7, 10, 14, 35, 70
15 1, 2, 4, 5, 10, 20, 25, 50, 100
16 1, 2, 4, 7, 8, 14, 28, 56
17 1, 2, 19, 38
18 1, 3, 5, 15, 25, 75
19 1, 2, 3, 4, 6, 7, 12, 14, 21, 28, 42, 84

C

1 a) 1, 4, 9, 16, 25, 36, 49, 64, 81, 100
   b) 144
   c) 400
   d) 2500
2 1, 2, 3, 4, 6, 8, 12, 24
3 1, 3, 5, 9, 15, 45
4 1, 2, 17, 34
5 1, 2, 3, 4, 6, 9, 12, 18, 36
6 1, 2, 4, 13, 26, 52
7 1, 3, 9, 11, 33, 99
8 1, 3, 7, 21
9 1, 2, 4, 23, 46, 92
10 1, 2, 3, 5, 6, 10, 15, 30
11 1, 2, 4, 8, 16, 32, 64
12 1, 2, 4, 7, 8, 14, 16, 28, 56, 112
13 1, 2, 3, 4, 6, 11, 12, 22, 33, 44, 66, 132
14 6   **16** 90   **18** 20   **20** 70
15 4   **17** 5   **19** 60   **21** 4

Mastery

False – a square number could have an odd number of factors e.g. 64 has 7 factors: 1 and 64, 2 and 32, 4 and 16, and 8

Page 47

A

1 1 and 8, 2 and 4
2 5 and 2, 1 and 10
3 21 and 1, 7 and 3
4 1 and 22, 2 and 11
5 1 and 12, 2 and 6, 3 and 4
6 1 and 18, 2 and 9, 3 and 6
7 $1 \times 6, 2 \times 3$
8 $1 \times 9, 3 \times 3$
9 $1 \times 14, 2 \times 7$
10 $1 \times 15, 3 \times 5$
11 $1 \times 16, 2 \times 8, 4 \times 4$
12 $1 \times 20, 2 \times 10, 4 \times 5$

B

1 1, 13
2 1, 2, 4, 7, 14, 28
3 1, 2, 4, 8, 16, 32
4 1, 2, 4, 5, 8, 10, 20, 40
5 1, 2, 3, 4, 6, 8, 12, 16, 24, 48
6 1, 2, 3, 6, 9, 18, 27, 54
7 1, 2, 3, 4, 5, 6, 10, 12, 15, 20, 30, 60
8 1, 2, 3, 4, 6, 8, 9, 12, 18, 24, 36, 72
9 1, 2, 4, 8, 11, 22, 44, 88
10 1, 2, 4, 5, 10, 20, 25, 50, 100
11 1, 2, 3, 6, 7, 9, 14, 18, 21, 42, 63, 126
12 1, 2, 3, 4, 6, 8, 9, 12, 16, 18, 24, 36, 48, 72, 144
13 108   **17** 21   **21** 7   **25** 7
14 128   **18** 15   **22** 30   **26** 80
15 264   **19** 16   **23** 3
16 270   **20** 9   **24** 70

C

1 1, 2, 3, 6, 11, 22, 33, 66
2 1, 2, 3, 4, 6, 8, 12, 16, 24, 32, 48, 96
3 1, 2, 3, 6, 19, 38, 57, 114
4 1, 2, 3, 5, 6, 10, 15, 25, 30, 50, 75, 150
5 1, 2, 4, 8, 16, 32, 64, 128
6 1, 11, 121
7 1, 11, 13, 143
8 1, 3, 5, 9, 15, 27, 45, 135
9 1, 2, 3, 4, 6, 12, 13, 26, 39, 52, 78, 156
10 1, 131
11 1, 2, 4, 7, 14, 28, 49, 98, 196
12 1, 2, 3, 4, 5, 6, 9, 10, 12, 15, 18, 20, 30, 36, 45, 60, 90, 180
13 448   **18** 8   **23** 4   **28** 11
14 600   **19** 11   **24** 10   **29** 14
15 396   **20** 7   **25** 8   **30** 16
16 744   **21** 5   **26** 9
17 14   **22** 6   **27** 7

Mastery

12 is less than $1 + 2 + 3 + 4 + 6$
Up to 100: 18, 20, 24, 30, 36, 40, 42, 48, 54, 56, 60, 66, 70, 72, 78, 80, 84, 88, 90, 96, 100

Page 48

A

1 54   **6** 128   **11** 170   **16** 114
2 140   **7** 112   **12** 268   **17** 76
3 57   **8** 288   **13** 290   **18** £345
4 472   **9** 235   **14** 216   **19** 141
5 115   **10** 168   **15** 376

B
1 1422	**6** 1718	**11** 4536	**16** 2478
2 840	**7** 876	**12** 948	**17** £1494
3 3672	**8** 5904	**13** 1161	**18** 1875 g
4 3640	**9** 2696	**14** 1296	
5 2844	**10** 1652	**15** 2940	

19 1176 minutes (19 hours 36 minutes)
20 1460

C
1 8772	**6** 36 795	**11** 20 864	**16** 35 032
2 19 737	**7** 37 032	**12** 9438	**17** £41 345
3 19 494	**8** 23 742	**13** 32 805	**18** 17 538
4 41 256	**9** 16 765	**14** 10 344	**19** 14 992 kg
5 18 228	**10** 26 247	**15** 43 260	**20** £17 742

Page 49
A
1 128	**5** 364	**9** 118	**13** 312 litres
2 150	**6** 116	**10** 296	**14** £2·45
3 185	**7** 310	**11** 195	**15** 208
4 144	**8** 304	**12** 414	

B
1 1544	**6** 3231	**11** 4370	**16** 5460
2 1841	**7** 3475	**12** 4312	**17** 1950 ml
3 1287	**8** 4208	**13** 1152	**18** £1946
4 882	**9** 921	**14** 2214	**19** 1503
5 2214	**10** 2232	**15** 3788	**20** £3680

C
1 11 475	**5** 31 428	**9** 41 067	**13** 35 172
2 15 408	**6** 38 066	**10** 19 280	**14** 63 294 miles
3 23 745	**7** 20 832	**11** 16 632	**15** £38 520
4 29 392	**8** 8367	**12** 41 912	**16** £105·54

Page 50
A
1 15	**6** 17	**11** 15	**16** 16
2 13	**7** 12	**12** 13	**17** 19
3 12	**8** 18	**13** 14	**18** 17
4 14	**9** 14	**14** 18	**19** 15
5 16	**10** 19	**15** 17	**20** 18

B
1 13	**6** 29	**11** 16	**16** 19
2 14	**7** 18	**12** 19	**17** 18
3 25	**8** 17	**13** 18	**18** 70
4 16	**9** 17	**14** 28	**19** 17 minutes
5 13	**10** 39	**15** 18	**20** 13

C
1 23	**6** 47	**11** 35	**16** 29
2 68	**7** 25	**12** 38	**17** 26
3 29	**8** 38	**13** 48	**18** 37
4 24	**9** 28	**14** 29	**19** 34 g
5 28	**10** 57	**15** 36	

Mastery

When dividing by 10, we use place value and move the numbers across the decimal point. We do not need to use a method for short or long division.

Page 51
A
1 13	**6** 14	**11** 19	**16** 18
2 15	**7** 18	**12** 13	**17** 15
3 17	**8** 13	**13** 19	**18** 16
4 15	**9** 14	**14** 14	**19** 18
5 17	**10** 12	**15** 13	**20** 14

B
1 19	**6** 18	**11** 25	**16** 18
2 18	**7** 17	**12** 23	**17** 29 kg
3 19	**8** 19	**13** 19	**18** 14
4 15	**9** 26	**14** 18	**19** £16
5 43	**10** 18	**15** 34	**20** 23

C
1 24	**6** 40	**11** 54	**16** 43
2 33	**7** 77	**12** 52	**17** 75 ml
3 46	**8** 27	**13** 55	**18** 28
4 25	**9** 38	**14** 64	**19** 46
5 43	**10** 74	**15** 36	

Page 52
A
1 13	**6** 17	**11** 16	**16** 14
2 16	**7** 17	**12** 13	**17** 17 litres
3 18	**8** 14	**13** 14	**18** 19p
4 13	**9** 13	**14** 17	**19** 25
5 19	**10** 18	**15** 18	**20** 19

B
1 15	**6** 14	**11** 38	**16** 26
2 27	**7** 15	**12** 25	**17** 26
3 15	**8** 17	**13** 39	**18** £23
4 19	**9** 25	**14** 47	**19** 34
5 27	**10** 47	**15** 38	**20** 28

C
1 42	**6** 59	**11** 138	**16** 164
2 59	**7** 48	**12** 169	**17** 85 g
3 77	**8** 67	**13** 199	**18** 75
4 66	**9** 176	**14** 287	**19** 237 g
5 84	**10** 769	**15** 156	**20** 14·6 cm

Page 53
A
1 17	**6** 14	**11** 26	**16** 13
2 14	**7** 17	**12** 16	**17** £14
3 19	**8** 13	**13** 34	**18** 29
4 12	**9** 23	**14** 16	**19** 15
5 20	**10** 14	**15** 24	**20** 16

B
1 44	**6** 97	**11** 63	**16** 68
2 53	**7** 82	**12** 46	**17** 25 kg
3 177	**8** 42	**13** 69	**18** £59
4 68	**9** 93	**14** 88	**19** 87 ml
5 34	**10** 87	**15** 77	**20** 74

C
1 467	**6** 149	**11** 12	**16** 22
2 149	**7** 148	**12** 21	**17** 331 m
3 193	**8** 173	**13** 14	**18** 27 km
4 188	**9** 13	**14** 16	**19** 25
5 278	**10** 15	**15** 13	

Page 54

A

1 171	**6** 266	**11** 23	**16** 15
2 240	**7** 172	**12** 18	**17** 46
3 156	**8** 405	**13** 16	**18** 17
4 504	**9** 465	**14** 16	**19** 28
5 316	**10** 216	**15** 28	**20** 13

B

1 1204	**6** 5652	**11** 44	**16** 69
2 1432	**7** 1375	**12** 92	**17** 3·8 kg
3 1490	**8** 2304	**13** 287	**18** 1184
4 4072	**9** 65	**14** 38	**19** £69
5 1407	**10** 57	**15** 73	**20** 84

C

1 24 960	**6** 38 976	**11** 126	**16** 274
2 20 692	**7** 18 136	**12** 679	**17** £14 898
3 31 074	**8** 66 546	**13** 145	**18** 185 litres
4 24 918	**9** 182	**14** 296	**19** £376
5 19 835	**10** 297	**15** 489	**20** 12 243

Mastery

>
>

Page 55

A

1 3	**5** 5	**9** 12	**13** 8
2 32	**6** 45	**10** 21	**14** 120
3 6	**7** 18	**11** 160	**15** 3
4 80	**8** 6	**12** 35p	

B

1 45	**4** 6	**7** 40	**10** 10
2 6	**5** 18	**8** 28	**11** 32
3 54	**6** 12	**9** 21	**12** 36

C

1 72	**4** 9	**7** 12	**10** 9, 4
2 8	**5** 75	**8** 240	**11** 5
3 44	**6** 11	**9** 8	**12** 7

Mastery

(a) The middle number is the product of the two outer numbers (10 = 2 × 5)
(b) The middle number can be multiplied by the final number to produce the first number (11 × 3 = 33)
(c) The middle number is half of the product of the two outer numbers (6 × 12 = 72, 36 is half of 72). Alternatively, the middle number is the product of the two outer numbers, where one has been halved first (36 = 3 × 12 or 36 = 6 × 6)

Page 56

A

1 26	**3** 40	**5** 22
2 13	**4** 5	**6** 80p

B

1 70	**3** 40	**5** 50 cm	**7** 60
2 8	**4** 11	**6** 5	

C

1 26	**3** 12	**5** 106	**7** 120
2 63	**4** 52p	**6** £45	

Page 57

A

1 £35	**3** 18	**5** 16
2 38	**4** 180	**6** 45p

B

1 72	**3** 86	**5** 15	**7** 60
2 149	**4** 386	**6** 50p	

C

1 23	**3** 720 g	**5** £10·35	**7** 192
2 362	**4** 201	**6** 137	

Page 58

A

1 34	**3** 32	**5** 33p
2 10	**4** 18	

B

1 66	**3** 94	**5** 55p
2 27	**4** £40·50	**6** £8

C

1 100	**3** 64	**5** 182
2 516	**4** 135	**6** 6

Page 59

A

1 26	**3** 18	**5** 36
2 48	**4** 15	**6** 63

B

1 198	**3** 62	**5** 93p
2 16	**4** 25p	**6** 12

C

1 39	**3** 108	**5** £6·50
2 £1·53	**4** £52·50	**6** £2·75

Page 60

A

1 147	**3** 16	**5** 179
2 450	**4** £335	

B

1 767	**3** 67	**5** 529
2 2233	**4** 5341	**6** 3456

C

1 37 676	**3** 93 501	**5** 4888
2 476	**4** 21 915	**6** 148

Page 61

A

1 956	**3** 246	**5** 525 miles
2 24	**4** 150	**6** 14

B

1 49	**3** £1544	**5** 275
2 295	**4** 4048	**6** 3265

C

1. 83 years 4 months
2. £36 658
3. 11 190
4. 82 162
5. £158
6. 26 469

Page 62

A

1. 72 / 12 6 / 6 2 3
3. 96 / 12 8 / 3 4 2
5. 800 / 40 20 / 8 5 4

2. 160 / 8 20 / 2 4 5
4. 32 / 8 4 / 4 2 2
6. 320 / 8 40 / 1 8 5

B

1. 540 / 18 30 / 3 6 5
3. 4500 / 50 90 / 5 10 9
5. 96 / 12 8 / 6 2 4

2. 126 / 21 6 / 7 3 2
4. 900 / 30 30 / 6 5 6
6. 2400 / 80 30 / 8 10 3

C

1. 6000 / 60 100 / 6 10 10 / 3 2 5 2
2. 5400 / 60 90 / 10 6 15 / 5 2 3 5

3. Possible solutions include:
   a) 4 5 6
   b) 5 2 9
   c) 3 3 4
   d) 5 7 2

4. a) 1 3 4 2
      1 4 3 2
      2 3 4 1
        or
      2 4 3 1
   b) 3 1 2 4
      3 2 1 4
      4 1 2 3
        or
      4 2 1 3

Mastery

Pupils' own responses

Page 63

A

1. 8, 10
2. 17, 23
3. 3, 5
4. 3, 9
5. 5, 6
6. 13, 14
7. 9, 10
8. 22, 23
9. 40
10. 26
11. 8
12. 10

B

1. 64
2. 78, 96
3. 6, 7, 8
4. 11, 12, 13
5. 30, 31, 32
6. 24, 25, 26
7. 3, 4
8. 5, 6
9. 8, 9
10. 11, 12
11. 8
12. 5
13. 57
14. 11
15. 48
16. 6

C

1. 44, 56
2. 35, 43
3. 5, 19
4. 4, 13
5. 33, 34, 35
6. 40, 41, 42
7. 58, 59, 60
8. 99, 100, 101
9. 12, 13
10. 15, 16
11. 19, 20
12. 24, 25
13. 96
14. 15
15. 84
16. 9
17. 48
18. 5

Page 64

A

1. $\frac{6}{8}$
2. $\frac{4}{6}$
3. $\frac{2}{5}$
4. $\frac{2}{8}$
5. $\frac{8}{12}$
6. $\frac{8}{10}$
7. $\frac{1}{3}$ $\frac{2}{6}$
8. $\frac{1}{2}$ $\frac{2}{4}$
9. $\frac{1}{5}$ $\frac{2}{10}$
10. $\frac{1}{4}$ $\frac{2}{8}$

B

1. $\frac{2}{4} = \frac{4}{8} = \frac{8}{16}$
2. $\frac{2}{8} = \frac{3}{12} = \frac{4}{16}$
3. $\frac{2}{10} = \frac{3}{15} = \frac{4}{20}$
4. $\frac{4}{6} = \frac{6}{9} = \frac{8}{12}$
5. $\frac{8}{10}$
6. $\frac{6}{8}$
7. $\frac{4}{12}$
8. $\frac{4}{6}$

C

1. $\frac{8}{10}$
2. $\frac{30}{100}$
3. $\frac{10}{16}$
4. $\frac{10}{15}$
5. $\frac{12}{16}$
6. $\frac{6}{14}$
7. $\frac{8}{16}$
8. $\frac{35}{50}$
9. $\frac{15}{18}$
10. $\frac{8}{18}$
11. $\frac{95}{100}$
12. $\frac{15}{20}$
13. $\frac{4}{16} = \frac{5}{20} = \frac{6}{24} = \frac{7}{28}$
14. $\frac{8}{12} = \frac{10}{15} = \frac{12}{18} = \frac{14}{21}$
15. $\frac{20}{32} = \frac{25}{40} = \frac{30}{48} = \frac{35}{56}$
16. $\frac{12}{40} = \frac{15}{50} = \frac{18}{60} = \frac{21}{70}$
17. $\frac{16}{20} = \frac{20}{25} = \frac{24}{30} = \frac{28}{35}$
18. $\frac{28}{32} = \frac{35}{40} = \frac{42}{48} = \frac{49}{56}$

Page 65

A

1. 0 $\frac{1}{4}$ $\frac{2}{4}$ $\frac{3}{4}$ 1
2. 0 $\frac{1}{10}$ $\frac{2}{10}$ $\frac{3}{10}$ $\frac{4}{10}$ $\frac{5}{10}$ $\frac{6}{10}$
3. 0 $\frac{1}{3}$ $\frac{2}{3}$ 1
4. 0 $\frac{1}{6}$ $\frac{2}{6}$ $\frac{3}{6}$ $\frac{4}{6}$
5. 0 $\frac{1}{5}$ $\frac{2}{5}$ $\frac{3}{5}$ $\frac{4}{5}$ 1
6. $\frac{3}{8}$ $\frac{4}{8}$ $\frac{5}{8}$ $\frac{6}{8}$ $\frac{7}{8}$ 1
7. $\frac{1}{7}$ $\frac{2}{7}$ $\frac{3}{7}$ $\frac{4}{7}$ $\frac{5}{7}$ $\frac{6}{7}$
8. 0, $\frac{1}{5}$ $\frac{2}{5}$ $\frac{3}{5}$ $\frac{4}{5}$ 1
9. $\frac{1}{6}$ $\frac{2}{6}$ $\frac{3}{6}$ $\frac{4}{6}$ $\frac{5}{6}$ 1
10. $\frac{5}{10}$ $\frac{6}{10}$ $\frac{7}{10}$ $\frac{8}{10}$ $\frac{9}{10}$ 1

B

1. $\frac{1}{3}$ $\frac{2}{3}$ 1
2. $\frac{1}{10}$ $\frac{2}{10}$ $\frac{3}{10}$ $\frac{4}{10}$ $\frac{5}{10}$ $\frac{6}{10}$ $\frac{7}{10}$ $\frac{8}{10}$ $\frac{9}{10}$ 1
3. $\frac{1}{6}$ $\frac{2}{6}$ $\frac{3}{6}$ $\frac{4}{6}$ $\frac{5}{6}$ 1
4. $\frac{1}{9}$ $\frac{2}{9}$ $\frac{3}{9}$ $\frac{4}{9}$ $\frac{5}{9}$ $\frac{6}{9}$ $\frac{7}{9}$ $\frac{8}{9}$ 1
5. $\frac{3}{4}$ $\frac{2}{4}$ $\frac{1}{4}$ 0
6. $\frac{7}{8}$ $\frac{6}{8}$ $\frac{5}{8}$ $\frac{4}{8}$ $\frac{3}{8}$ $\frac{2}{8}$ $\frac{1}{8}$ 0
7. $\frac{4}{5}$ $\frac{3}{5}$ $\frac{2}{5}$ $\frac{1}{5}$ 0
8. $\frac{6}{7}$ $\frac{5}{7}$ $\frac{4}{7}$ $\frac{3}{7}$ $\frac{2}{7}$ $\frac{1}{7}$ 0
9. $\frac{3}{8}$ $\frac{4}{8}$ $\frac{5}{8}$ $\frac{6}{8}$ $\frac{7}{8}$ 1
10. $\frac{5}{10}$ $\frac{4}{10}$ $\frac{3}{10}$ $\frac{2}{10}$
11. $\frac{17}{100}$ $\frac{18}{100}$ $\frac{19}{100}$ $\frac{20}{100}$ $\frac{21}{100}$ $\frac{22}{100}$ $\frac{23}{100}$
12. $\frac{8}{9}$ $\frac{7}{9}$ $\frac{6}{9}$ $\frac{5}{9}$ $\frac{4}{9}$
13. $\frac{5}{12}$ $\frac{6}{12}$ $\frac{7}{12}$ $\frac{8}{12}$ $\frac{9}{12}$ $\frac{10}{12}$ $\frac{11}{12}$ 1
14. 1 $\frac{99}{100}$ $\frac{98}{100}$ $\frac{97}{100}$ $\frac{96}{100}$ $\frac{95}{100}$

C

1. $\frac{2}{9}$ $\frac{4}{9}$ $\frac{6}{9}$ $\frac{8}{9}$
2. $\frac{2}{7}$ $\frac{4}{7}$ $\frac{6}{7}$ $1\frac{1}{7}$
3. $\frac{2}{10}$ $\frac{4}{10}$ $\frac{6}{10}$ $\frac{8}{10}$ 1
4. $\frac{3}{4}$ $1\frac{1}{2}$ $2\frac{1}{4}$ 3
5. $\frac{2}{8}$ $\frac{4}{8}$ $\frac{6}{8}$ 1 $1\frac{2}{8}$
6. $\frac{1}{3}$ $\frac{2}{3}$ 1 $1\frac{1}{3}$ $1\frac{2}{3}$ 2 $2\frac{1}{3}$
7. $\frac{1}{2}$ 1 $1\frac{1}{2}$ 2 $2\frac{1}{2}$ 3 $3\frac{1}{2}$
8. $\frac{3}{5}$ $\frac{4}{5}$ 1 $1\frac{1}{5}$ $1\frac{2}{5}$ $1\frac{3}{5}$ $1\frac{4}{5}$
9. $\frac{3}{10}$ $\frac{6}{10}$ $\frac{9}{10}$ $1\frac{2}{10}$ $1\frac{5}{10}$ $1\frac{8}{10}$ $2\frac{1}{10}$
10. $\frac{75}{100}$ $\frac{80}{100}$ $\frac{85}{100}$ $\frac{90}{100}$ $\frac{95}{100}$ 1 $1\frac{5}{100}$

Mastery

$\frac{1}{2}$ $\frac{3}{4}$ 1 $1\frac{1}{4}$ $1\frac{1}{2}$ $1\frac{3}{4}$ 2

Page 66

A
1. $\frac{1}{10}$
2. $\frac{4}{10}$
3. $\frac{8}{10}$
4. $\frac{7}{10}$
5. X $\frac{3}{10}$ Y $\frac{5}{10}$ Z $\frac{8}{10}$
6. 0 $\frac{1}{10}$ $\frac{2}{10}$ $\frac{3}{10}$ $\frac{4}{10}$
7. 1 $\frac{9}{10}$ $\frac{8}{10}$ $\frac{7}{10}$ $\frac{6}{10}$ $\frac{5}{10}$
8. $\frac{5}{10}$ $\frac{6}{10}$ $\frac{7}{10}$ $\frac{8}{10}$
9. $\frac{7}{10}$ $\frac{6}{10}$ $\frac{5}{10}$ $\frac{4}{10}$ $\frac{3}{10}$ $\frac{2}{10}$ $\frac{1}{10}$
10. $\frac{2}{10}$ $\frac{3}{10}$ $\frac{4}{10}$ $\frac{5}{10}$ $\frac{6}{10}$ $\frac{7}{10}$ $\frac{8}{10}$ $\frac{9}{10}$ 1

B
1. $\frac{36}{100}$
2. $\frac{9}{100}$
3. $\frac{57}{100}$
4. $\frac{84}{100}$
5. $\frac{70}{100}$
6. $\frac{20}{100}$
7. $\frac{9}{10}$
8. $\frac{6}{10}$
9. 0 $\frac{1}{100}$ $\frac{2}{100}$ $\frac{3}{100}$ $\frac{4}{100}$ $\frac{5}{100}$ $\frac{6}{100}$ $\frac{7}{100}$ $\frac{8}{100}$ $\frac{9}{100}$ $\frac{10}{100}$
10. $\frac{73}{100}$ $\frac{72}{100}$ $\frac{71}{100}$ $\frac{70}{100}$ $\frac{69}{100}$ $\frac{68}{100}$
11. $\frac{48}{100}$ $\frac{49}{100}$ $\frac{50}{100}$ $\frac{51}{100}$ $\frac{52}{100}$ $\frac{53}{100}$ $\frac{54}{100}$ $\frac{55}{100}$
12. 1 $\frac{99}{100}$ $\frac{98}{100}$ $\frac{97}{100}$ $\frac{96}{100}$ $\frac{95}{100}$ $\frac{94}{100}$

C
1. $\frac{5}{10} = \frac{50}{100}$
2. $\frac{2}{10} = \frac{20}{100}$
3. $\frac{25}{100}$
4. $\frac{8}{10} = \frac{80}{100}$
5. $\frac{35}{100}$
6. $\frac{6}{10}$
7. $\frac{1}{10} + \frac{9}{100}$
8. $\frac{8}{10} + \frac{4}{100}$
9. $\frac{57}{100}$ $\frac{67}{100}$ $\frac{77}{100}$ $\frac{87}{100}$ $\frac{97}{100}$
10. $\frac{93}{100}$ $\frac{83}{100}$ $\frac{73}{100}$ $\frac{63}{100}$ $\frac{53}{100}$ $\frac{43}{100}$ $\frac{33}{100}$ $\frac{23}{100}$
11. $\frac{3}{4}$ $\frac{76}{100}$ $\frac{77}{100}$ $\frac{78}{100}$ $\frac{79}{100}$ $\frac{80}{100}$ $\frac{81}{100}$ $\frac{82}{100}$
12. $\frac{2}{10}$ $\frac{19}{100}$ $\frac{18}{100}$ $\frac{17}{100}$ $\frac{16}{100}$ $\frac{15}{100}$ $\frac{14}{100}$

Mastery

1 – a whole number

Page 67

A
1. 6
2. 3
3. 5
4. 4
5. 4
6. 10
7. 6
8. 9
9. 3
10. 8
11. 6
12. 11
13. 4
14. 8
15. 5
16. 12
17. 6
18. 4
19. 10
20. 7

B
1. 8
2. 16
3. 3
4. 9
5. 5
6. 20
7. 3
8. 27
9. 10
10. 20
11. 20
12. 27
13. 20
14. 21
15. 21
16. 18
17. 10
18. 18
19. 396
20. 24

C
1. 45
2. 49
3. 18
4. 32
5. 70 cm
6. £1·20
7. 990 g
8. £6·00
9. 32
10. 15 minutes
11. 300 g
12. 100 km

Page 68

A
1. 11
2. 8
3. 14
4. 15
5. 7
6. 40
7. 13
8. 50
9. 6p
10. 2p
11. 7p
12. 4p
13. 3 cm
14. 8 cm
15. 10 cm
16. 5 cm
17. 4 m
18. 9 m
19. 6 m
20. 3 m
21. £8
22. £5
23. £7
24. £10
25. a) £5, £4 b) £11
26. 4

B
1. 4
2. 8
3. 5
4. 15
5. 6
6. 42
7. 3
8. 9
9. 12p
10. 16p
11. 10 m
12. 10 m
13. 24 kg
14. 28 kg
15. £90
16. £21
17. 150 ml
18. 14 cm
19. 110 g
20. £35
21. a) 16 b) 20
22. a) 12 b) 10 c) 8

C
1. £1·50
2. £1·25
3. £1·20
4. £1·80
5. 60 cm
6. 53 cm
7. 2·1 litres
8. 1·05 litres
9. £6·75
10. £5·30
11. 430 g
12. 980 g
13. 14
14. 63

Page 69

A
1. 5
2. 8
3. 10 g
4. 3 m
5. 12
6. 5
7. 10
8. 7
9. 10
10. 7
11. £9
12. 6 cm
13. 4
14. 7
15. 5 mm
16. 10 kg
17. 6
18. 160 g
19. 25
20. 40

B
1. 6 cm
2. 8p
3. £30
4. 21 kg
5. 30 g
6. 16 litres
7. 21p
8. 36 ml
9. £30
10. 20 km
11. 3 m
12. 450 g
13. 5
14. 162

C
1. £21
2. 36 m
3. 132 ml
4. 100 g
5. 55 mm
6. 144 kg
7. 14p
8. 450 ml
9. 63 cm
10. 5000 km
11. 160 m^2
12. 16 000
13. 350 ml
14. 1·6 m

Mastery

$\frac{3}{4}$ of 48 = 36

17 + 9 = 26

36 − 26 = 10

Page 70

A
1. $\frac{3}{4}$
2. $\frac{5}{10}$
3. $\frac{5}{6}$
4. $\frac{3}{9}$
5. $\frac{8}{12}$
6. $\frac{6}{11}$
7. $\frac{7}{8}$
8. $\frac{4}{7}$
9. $\frac{6}{9}$
10. $\frac{3}{5}$
11. $\frac{8}{10}$
12. $\frac{4}{12}$

B
1. $\frac{2}{3}$
2. $\frac{2}{4}$
3. $\frac{5}{7}$
4. $\frac{8}{12}$
5. $\frac{9}{11}$
6. $\frac{5}{10}$
7. $\frac{11}{12}$
8. $\frac{3}{8}$
9. $\frac{4}{5}$
10. $\frac{8}{11}$
11. $\frac{8}{9}$
12. $\frac{7}{12}$
13. $\frac{6}{10}$
14. $\frac{2}{9}$
15. $\frac{5}{11}$
16. $\frac{7}{10}$
17. $\frac{4}{8}$
18. $\frac{7}{12}$

C

1. $\frac{7}{8}$
2. $\frac{7}{9}$
3. $\frac{8}{10}$
4. $\frac{9}{10}$
5. $\frac{7}{12}$
6. $\frac{3}{12}$
7. $\frac{1}{6}$
8. $\frac{3}{8}$
9. $\frac{10}{12}$
10. $\frac{10}{10}$
11. $\frac{5}{6}$
12. $\frac{10}{12}$
13. $\frac{9}{12}$
14. $\frac{2}{6}$
15. $\frac{3}{8}$
16. $\frac{1}{9}$

Mastery

Pupil A is correct because you are adding fifths

Page 71

A

1. 4
2. 8
3. 5
4. 10
5. $\frac{3}{8} + \frac{5}{8}$
6. $\frac{2}{3} + \frac{1}{3}$
7. $\frac{2}{6} + \frac{4}{6}$
8. $\frac{4}{10} + \frac{6}{10}$
9. $\frac{2}{7}$
10. $\frac{3}{4}$
11. $\frac{3}{10}$
12. $\frac{2}{5}$

B

1. $\frac{2}{3}$
2. $\frac{9}{11}$
3. 12
4. 13
5. $\frac{2}{6}$
6. $\frac{9}{10}$
7. 10
8. 17
9. $\frac{6}{9}$
10. $\frac{3}{4}$
11. $\frac{3}{6}$
12. $\frac{2}{7}$
13. $\frac{7}{12}$
14. $\frac{5}{8}$
15. $\frac{2}{5}$
16. $\frac{1}{10}$

C

1. $\frac{2}{7}$
2. $\frac{25}{100}$
3. $\frac{10}{6}$
4. $\frac{16}{12}$
5. $\frac{6}{10}$
6. $\frac{4}{9}$
7. $\frac{6}{5}$
8. $\frac{13}{8}$
9. $\frac{3}{4}$
10. $\frac{8}{11}$
11. $1\frac{5}{9}$
12. $1\frac{2}{100}$
13. $\frac{6}{8}$
14. $\frac{7}{10}$
15. $1\frac{3}{5}$
16. $1\frac{7}{12}$

Page 72

A

1. $\frac{7}{10}$ 0·7
2. $\frac{1}{10}$ 0·1
3. $\frac{4}{10}$ 0·4
4. $\frac{2}{10}$ 0·2
5. $\frac{5}{10}$ 0·5
6. $\frac{9}{10}$ 0·9
7. 0·8
8. 0·3
9. 0·6
10. 0·1
11. 0·5
12. 0·7
13. 0·2
14. 0·9
15. X $\frac{2}{10}$ 0·2
    Y $\frac{5}{10}$ 0·5
    Z $\frac{8}{10}$ 0·8
16. 0·5 cm

B

1. 2
2. $\frac{9}{10}$
3. 5
4. 30
5. $\frac{7}{10}$
6. $\frac{3}{10}$
7. 3
8. $\frac{8}{10}$
9. 6
10. 10
11. $\frac{1}{10}$
12. 8
13. 0·5 0·6 0·7 0·8
14. 0·9 1·1 1·3 1·5
15. 1·1 1·0 0·9 0·8
16. 2·0 1·5 1·0 0·5
17. A $\frac{3}{10}$ 0·3
    B $\frac{8}{10}$ 0·8
    C $1\frac{2}{10}$ 1·2
    D $1\frac{7}{10}$ 1·7
18. E $\frac{1}{2}$ 0·5
    F $2\frac{1}{2}$ 2·5
    G $4\frac{1}{2}$ 4·5

C

1. $\frac{61}{100}$ 0·61
2. $\frac{8}{100}$ 0·08
3. $\frac{15}{100}$ 0·15
4. $\frac{74}{100}$ 0·74
5. $\frac{32}{100}$ 0·32
6. $\frac{59}{100}$ 0·59
7. $\frac{3}{100}$ 0·03
8. $\frac{96}{100}$ 0·96
9. $\frac{87}{100}$
10. $\frac{2}{10}$
11. $\frac{3}{100}$ 0·63
12. $\frac{72}{100}$ = 0·72
13. $\frac{4}{10} + \frac{9}{100} = 0·49$
14. $\frac{1}{10} + \frac{6}{100} = \frac{16}{100}$

Mastery

Range of possible responses, e.g. 5.5, 24.4, 31.19

Page 73

A

1. $\frac{6}{10}$ 0·6
2. $\frac{1}{4}$ 0·25
3. $\frac{9}{10}$ 0·9
4. $\frac{2}{10}$ 0·2
5. $\frac{3}{4}$ 0·75
6. $\frac{1}{10}$ 0·1
7. $\frac{4}{10}$ 0·4
8. $\frac{1}{2}$ 0·5
9. £0·80
10. £0·50 50p
11. £$\frac{2}{10}$ £0·20
12. £$\frac{9}{10}$ £0·90
13. £$\frac{6}{10}$ 60p
14. £0·75 75p

B

1. $\frac{39}{100}$ 0·39
2. $\frac{73}{100}$ 0·73
3. $\frac{15}{100}$ 0·15
4. $\frac{81}{100}$ 0·81
5. $\frac{57}{100}$ 0·57
6. $\frac{4}{100}$ 0·04
7. $\frac{68}{100}$ 0·68
8. $\frac{42}{100}$ 0·42
9. $\frac{23}{100}$
10. $\frac{5}{100}$
11. 0·32
12. $\frac{9}{100}$ 0·96
13. $\frac{9}{100}$
14. $\frac{7}{10}$ $\frac{8}{100}$ 0·78

C

1. $\frac{3}{100}$
2. $\frac{6}{100}$
3. $\frac{9}{100}$
4. $\frac{7}{10}$
5. $\frac{6}{100}$
6. $\frac{8}{100}$
7. $\frac{8}{100}$
8. $\frac{5}{100}$
9. $\frac{9}{10}$
10. $\frac{4}{100}$
11. $\frac{7}{100}$
12. $\frac{6}{10}$
13. 0·33
14. 0·76
15. 0·08
16. 0·92
17. 0·4
18. 0·64
19. 0·17
20. 0·89
21. 0·53
22. 0·2
23. 0·05
24. 0·72
25. 0·13 0·3 $\frac{1}{3}$
26. $\frac{1}{10}$, 0·11, 0·9
27. $\frac{2}{5}$, 0·45, 0·5
28. 0·34, 0·4, $\frac{3}{4}$
29. 0·7
30. 0·5
31. 0·72
32. 0·15

Mastery

8 tenths = 80 hundredths   True
80 tenths = 8 hundredths   False
8 tenths = one whole   False

Page 74

A

1. A $\frac{1}{4}$ 0·25
   B $\frac{1}{2}$ 0·5
   C $\frac{3}{4}$ 0·75
2. D $\frac{1}{10}$ 0·1
   E $\frac{4}{10}$ 0·4
   F $\frac{8}{10}$ 0·8
3. $\frac{6}{10}$ 0·6
4. $1\frac{1}{4}$ 0·25
5. $\frac{1}{2}$ 0·5
6. $\frac{3}{10}$ 0·3
7. $\frac{3}{4}$ 0·75
8. $\frac{4}{10}$ 0·4
9. 0·4
10. 0·5
11. 0·7
12. 0·25
13. 0·2
14. 0·9
15. 0·75
16. 0·6

B

1. G $\frac{82}{100}$ 0·82
   H $\frac{84}{100}$ 0·84
   I $\frac{89}{100}$ 0·89
2. J $\frac{23}{100}$ 0·23
   K $\frac{27}{100}$ 0·27
   L $\frac{33}{100}$ 0·33
   M $\frac{36}{100}$ 0·36
3. $\frac{4}{10}$
4. $\frac{5}{100}$
5. $\frac{3}{10}$
6. $\frac{3}{100}$
7. $\frac{7}{10}$
8. $\frac{6}{10}$
9. $\frac{2}{10}$
10. $\frac{5}{10}$
11. $\frac{6}{100}$
12. $\frac{7}{100}$
13. $\frac{8}{10}$
14. $\frac{4}{100}$
15. 0·78
16. 0·43
17. 0·15
18. 0·6
19. 0·29
20. 0·91
21. 0·04
22. 0·37
23. $\frac{1}{4}$
24. 0·5
25. $\frac{1}{2}$
26. 0·8

C

1 3·62	**8** $\frac{3}{100}$	**15** 7	**22** 6·25
2 0·15	**9** 1	**16** $\frac{1}{100}$	**23** 8·57
3 5·03	**10** $\frac{1}{10}$	**17** 3·28	**24** 1·75
4 0·07	**11** 6	**18** 9·5	**25** 5·82
5 $\frac{6}{100}$	**12** $\frac{9}{100}$	**19** 0·93	**26** 3·7
6 $\frac{9}{10}$	**13** 50	**20** 2·4	**27** 0·03
7 3	**14** $\frac{7}{10}$	**21** 4·06	**28** 9·35

Mastery

1·2 = 1 and $\frac{1}{5}$ $\frac{1}{2}$ = 0·5

Page 75

A

1 4·7	**7** 0·52	**13** 100	**19** 94
2 0·2	**8** 0·9	**14** 10	**20** 10
3 5·5	**9** 10	**15** 10	**21** 7
4 0·9	**10** 100	**16** 100	**22** 32
5 0·69	**11** 100	**17** 59	
6 0·04	**12** 10	**18** 3	

B

1 5·7	**8** 0·09	**15** 8·1	**22** 0·4
2 9·9	**9** 0·87	**16** 7·6	**23** 0·34
3 0·6	**10** 0·6	**17** 0·3	**24** 0·07
4 4·1	**11** 0·53	**18** 4·2	**25** 10
5 0·4	**12** 0·05	**19** 0·78	**26** 100
6 2·3	**13** 3·5	**20** 0·02	**27** 8
7 0·96	**14** 0·8	**21** 0·25	**28** 70

C

1 36·4	**10** 340·3	**19** 5·67	**28** 7007
2 1·26	**11** 356	**20** 29·2	**29** 5930
3 160·7	**12** 1008	**21** 7·04	**30** 63 190
4 58·9	**13** 91·2	**22** 42·79	**31** 282
5 40·72	**14** 2177	**23** 6·4	**32** 3625
6 84·8	**15** 504	**24** 30·68	**33** 0·8 cm
7 9·05	**16** 742·9	**25** 14 510	**34** 0·71 m
8 921·3	**17** 51·95	**26** 3060	**35** 263 cm
9 3·1	**18** 18·01	**27** 242	**36** 47 mm

Mastery

10 ÷ 10 = 1
10 ÷ 100 = 0·1

Page 76

A

1 given	**13** £7·09	**25** 9·3 cm
2 £$\frac{2}{10}$	**14** £4·65	**26** 0·8 cm
3 30p £0·30	**15** £6·83	**27** 0·7 m
4 40p £0·40	**16** £2·57	**28** 2·26 m
5 £$\frac{5}{10}$	**17** £0·91	**29** 0·91 m
6 £0·60	**18** £5·08	**30** 5·08 m
7 70p £$\frac{7}{10}$	**19** 3·5 cm	**31** 1·43 m
8 £0·80	**20** 0·4 cm	**32** 0·32 m
9 £$\frac{9}{10}$ £0·90	**21** 4·1 cm	**33** 7·09 m
10 100p £1	**22** 10·7 cm	**34** 4·65 m
11 £1·48	**23** 0·2 cm	
12 £0·32	**24** 12·9 cm	

Page 77

B

1 10 cm 0·1 m	**7** 40p	**13** 90 cm
2 40 cm 0·4 m	**8** £3	**14** 2 cm
3 80 cm 0·8 m	**9** £20	**15** 5 m
4 120 cm 1·2 m	**10** 2p	**16** 30 m
5 150 cm 1·5 m	**11** £8	**17** 70 cm
6 190 cm 1·9 m	**12** 10p	**18** 1 m

19 £0·50 £0·60 £0·70 £0·80
20 0·9 m 1·1 m 1·3 m 1·5 m
21 £1·00 £1·20 £1·40 £1·60
22 0·25 m 0·3 m 0·35 m 0·4 m
23 £0·20 £0·24 £0·28 £0·32
24 2·5 m 3·0 m 3·5 m 4·0 m

25 0·5 m	**31** 1·3 m	**37** £0·60
26 0·9 m	**32** 1·1 m	**38** £0·65
27 1·6 m	**33** £0·70	**39** £1·10
28 1·6 m	**34** £0·85	**40** £1·25
29 0·2 m	**35** £1·70	
30 0·5 m	**36** £1·85	

C

1 A 0·1 km 100 m	**10** 60 litres
B 0·3 km 300 m	**11** 90 ml
C 0·5 km 500 m	**12** 30 g
D 0·9 km 900 m	**13** 200 g
2 E 250 ml 0·25 litres	**14** 2 kg
F 400 ml 0·4 litres	**15** 60 g
G 650 ml 0·65 litres	**16** 1·86 km
H 850 ml 0·85 litres	**17** 92·3 km
3 I 330 g 0·33 kg	**18** 0·24 kg
J 370 g 0·37 kg	**19** 7·5 kg
K 420 g 0·42 kg	**20** 60·19 litres
L 480 g 0·48 kg	**21** 0·7 litres
4 100 m	**22** 4310 m
5 20 m	**23** 970 m
6 10 km	**24** 18 400 g
7 70 m	**25** 600 g
8 500 ml	**26** 36 050 ml
9 9 litres	**27** 2800 ml

Mastery

(c) £15·05

Page 78

A

1 0 0·1 0·2 0·3 0·4 0·5
2 0·4 0·5 0·6 0·7 0·8 0·9 1·0
3 2·3 2·4 2·5 2·6 2·7
4 3·8 3·9 4·0 4·1 4·2 4·3
5 1 1·1 1·2 1·3 1·4 1·5 1·6
6 5·6, 5·7 5·8 5·9 6·0 6·1 6·2 6·3
7 1 0·9 0·8 0·7 0·6 0·5
8 3·7 3·6 3·5 3·4 3·3 3·2 3·1
9 5 4·9 4·8 4·7 4·6
10 2·4 2·3 2·2 2·1 2·0 1·9 1·8 1·7
11 10 9·9 9·8 9·7 9·6
12 5·1 5·0 4·9 4·8 4·7 4·6 4·5

B

1   0   0·01   0·02   0·03   0·04   0·05
2   0·79   0·89   0·99   1·09   1·19   1·29   1·39
3   0·62   0·63   0·64   0·65   0·66   0·67   0·68   0·69   0·7
4   0·14   0·24   0·34   0·44   0·54   0·64
5   0·5   0·51   0·52   0·53   0·54
6   1·35   1·36   1·37   1·38   1·39   1·4   1·41   1·42
7   5·43   5·33   5·23   5·13   5·03   4·93   4·83   4·73
8   0·72   0·71   0·7   0·69   0·68   0·67
9   1   0·99   0·98   0·97   0·96   0·95   0·94
10   2·25   2·15   2·05   1·95
11   2·13   2·12   2·11   2·1   2·09   2·08   2·07   2·06   2·05   2·04
12   0·9   0·89   0·88   0·87   0·86

C

1   1   1·5   2
2   1·95   2   2·05
3   2·64   2·68   2·72
4   0·25   0·75   1·25
5   4·75   4·85   5·05
6   2·64   3·64   4·64
7   3·3   3·1   2·9   2·7   2·5   2·3   2·1
8   0·72   0·81   0·9   0·99   1·08   1·17   1·26
9   5·1   5·06   5·02   4·98   4·94   4·9   4·86
10   0·4   0·55   0·7   0·85   1   1·15   1·3
11   1·81   1·51   1·21   0·91   0·61   0·31   0·01
12   2·18   2·24   2·3   2·36   2·42   2·48   2·54

Mastery

0·8
0·01

Page 79

A

1   70   8   700   15   250   22   130
2   30   9   500   16   1200   23   40
3   60   10   500   17   2800   24   60
4   40   11   550   18   9500   25   160
5   80   12   490   19   3200   26   200
6   300   13   120   20   7900   27   150
7   600   14   880   21   120   28   270

B

1   5   8   4   15   £73   22   66
2   13   9   151   16   £36   23   12
3   9   10   100   17   £125   24   28
4   8   11   £3   18   £82   25   63
5   35   12   £18   19   £165   26   78
6   18   13   £55   20   £48   27   8
7   29   14   £10   21   33   28   6

C

1   4   3·6   11   4 m   4·4 m   21   117
2   9   9·3   12   7 m   6·5 m   22   140
3   17   17·5   13   9 m   9·1 m   23   35
4   21   20·8   14   13 m   13·3 m   24   238
5   5   4·7   15   6 m   5·6 m   25   65
6   86   85·9   16   34 m   33·9 m   26   72
7   138   138·3   17   7 m   7·1 m   27   7
8   11   10·7   18   19 m   19·0 m   28   8
9   92   92·2   19   22 m   22·5 m
10   327   326·6   20   50 m   49·7 m

Mastery

This is false, as it depends what you are rounding to; for example, 215 to the nearest 100 will round down to 200

Page 80

A

1   14   3   6·0   5   2·2   7   4·0   9   8·1
2   25   4   9·0   6   17   8   7·6   10   5·3

B

1   5·42   5   4·13   9   3·3   3·4   4·0   4·3   4·4
2   1·18   6   12·19   10   1·22   1·25   1·52   2·15   2·51
3   1·53   7   1·05   11   6·66   6·69   6·99   9·06   9·09
4   1·09   8   2·55   12   7·77   7·78   7·88   8·07   8·17

C

1   2·66   6·02   6·2   6·26   6·6   5   2·5   9   3·75
2   0·85   5·08   5·5   5·55   5·8   6   2·5   10   7·1
3   1·01   1·04   1·1   1·11   1·4   7   5·2   11   9·95
4   0·73   3·07   3·17   3·7   3·71   8   7·05   12   1·35

Mastery

Range of possible answers, for example:
0·12 < 3·45 < 6·78   1·37 < 2·48 < 5·06

Page 81

A

1   A   0·2   2   F   0·5
    B   0·6   G   4·0
    C   1·3   H   7·5
    D   1·5   I   8·0
    E   1·8   J   9·5

B

1   A   0·53   2   G   0·5   3   M   0·1   4   S   0·2
    B   0·55   H   1·75   N   0·25   T   0·8
    C   0·58   I   2·25   O   0·35   U   1·6
    D   0·62   J   3·5   P   0·6   V   2·4
    E   0·64   K   4·25   Q   0·75   W   2·8
    F   0·67   L   4·75   R   0·95   X   3·6

C

1   A   0·5   2   F   0·02   3   K   0·166   4   Q   0·1
    B   0·875   G   0·035   L   0·173   R   0·2
    C   1·125   H   0·06   M   0·178   S   0·325
    D   1·375   I   0·075   N   0·184   T   0·425
    E   1·75   J   0·085   O   0·187   U   0·65
                                         P   0·192   V   0·8

Mastery

Range of possible answers, for example 0–10

Page 82

A

1   3 cm   5   2 m   9   6 km   13   cm
2   7·5 cm   6   8·5 m   10   3·5 km   14   m
3   40 mm   7   500 cm   11   7000 m   15   km
4   15 mm   8   950 cm   12   4500 m   16   mm

B

1   6·2 cm   4   93 mm   7   780 cm   10   0·4 km
2   2·4 cm   5   4·9 m   8   310 cm   11   8200 m
3   7 mm   6   1·6 m   9   5·7 km   12   2900 m

C

1 5·42 m	**5** 674 cm	**9** 1·07 km	**13** 800 mm
2 0·36 m	**6** 218 cm	**10** 9830 m	**14** 2·7 m
3 8·05 m	**7** 5·25 km	**11** 950 m	**15** 250 mm
4 359 cm	**8** 0·61 km	**12** 7340 m	**16** 4·5 cm

Page 83

A

1 5 kg	**5** 6000 g	**9** 8·5 kg	**13** g
2 2 kg	**6** 1000 g	**10** 2500 g	**14** kg
3 7 kg	**7** 4·5 kg	**11** 9500 g	**15** g
4 3000 g	**8** 1·5 kg	**12** 3500 g	**16** kg

B

1 4·2 kg	**4** 3100 g	**7** 2·6 kg	**10** 5300 g
2 1·9 kg	**5** 400 g	**8** 0·7 kg	**11** 8100 g
3 7·3 kg	**6** 6800 g	**9** 9·2 kg	**12** 4600 g

C

1 2·94 kg	**5** 4780 g	**9** 5·61 kg	**13** 100 g
2 8·82 kg	**6** 9130 g	**10** 2450 g	**14** 0·02 kg
3 0·67 kg	**7** 6·29 kg	**11** 860 g	**15** 0·8 kg
4 1050 g	**8** 3·96 kg	**12** 7180 g	

Page 84

A

1 4 litres	**5** 9000 ml	**9** 0·5 litres	**13** ml
2 2 litres	**6** 6000 ml	**10** 4500 ml	**14** litres
3 5 litres	**7** 3·5 litres	**11** 2500 ml	**15** ml
4 1000 ml	**8** 8·5 litres	**12** 7500 ml	**16** litres

B

1 3·2 litres	**4** 2900 ml	**7** 7·6 litres	**10** 3800 ml
2 6·4 litres	**5** 8300 ml	**8** 1·2 litres	**11** 300 ml
3 0·7 litres	**6** 4100 ml	**9** 5·7 litres	**12** 9400 ml

C

1 2·63 litres	**6** 3710 ml	**11** 2530 ml	
2 9·58 litres	**7** 4·96 litres	**12** 8270 ml	
3 1·84 litres	**8** 6·12 litres	**13** 0·35 litres	
4 5050 ml	**9** 0·65 litres	**14** 0·2 litres	
5 470 ml	**10** 7090 ml	**15** 0·01 litres	

Page 85

A

1 2·4 cm	**5** 8·8 m	**9** 7·3 km	**13** 30 mm
2 0·3 mm	**6** 5·9 m	**10** 0·4 km	**14** 4·6 m
3 96 mm	**7** 70 cm	**11** 1200 m	
4 31 mm	**8** 460 cm	**12** 6100 m	

B

1 6·6 cm	**5** 1·57 m	**9** 5·34 km	**13** 3·6 m
2 18·5 cm	**6** 0·81 m	**10** 3·72 km	**14** 7·4 cm
3 13 mm	**7** 762 cm	**11** 9950 m	
4 144 mm	**8** 209 cm	**12** 580 m	

C

1 4·916 m	**5** 12·15 m	**9** 0·827 km	**13** 2·215 km
2 0·582 m	**6** 0·005 m	**10** 0·024 km	**14** 45 cm
3 1704 mm	**7** 608 cm	**11** 5096 m	
4 90 mm	**8** 1390 cm	**12** 3 m	

Mastery

1·5 metres = 150 cm
4 metres and 90 cm = 490 cm
21 cm and 5 mm = 215 mm

Page 86

A

1 4·3 kg	**5** 2700 g	**9** 9·3 kg	**13** 150 g
2 6·9 kg	**6** 5100 g	**10** 7800 g	
3 0·8 kg	**7** 3·6 kg	**11** 200 g	
4 8200 g	**8** 1·4 kg	**12** 4900 g	

B

1 5·62 kg	**5** 570 g	**9** 0·76 kg	**13** 1·65 kg
2 1·19 kg	**6** 7410 g	**10** 2970 g	**14** 2·4 kg
3 8·74 kg	**7** 4·23 kg	**11** 9530 g	
4 3050 g	**8** 6·35 kg	**12** 1850 g	

C

1 2·659 kg	**5** 908 g	**9** 10·853 kg	**13** 24 kg
2 7·305 kg	**6** 9745 g	**10** 1485 g	**14** 33·35 kg
3 3·192 kg	**7** 5·261 kg	**11** 6916 g	
4 1574 g	**8** 0·827 kg	**12** 15 320 g	

Mastery

2·5 kilograms = 2500 g
8 kg, 600 g and 5 g = 8605 g
500 g, 67 g and 5 kg = 5·567 kg

Page 87

A

1 7·2 litres	**6** 3800 ml	**11** 300 ml
2 0·9 litres	**7** 1·3 litres	**12** 6700 ml
3 4·7 litres	**8** 8·9 litres	**13** 1·6 litres
4 2100 ml	**9** 2·6 litres	**14** 2 litres
5 5400 ml	**10** 9200 ml	

B

1 2·82 litres	**6** 4130 ml	**11** 5710 ml
2 6·07 litres	**7** 3·28 litres	**12** 9050 ml
3 1·75 litres	**8** 7·54 litres	**13** 2·25 litres
4 8310 ml	**9** 0·65 litres	**14** 50 ml
5 490 ml	**10** 2360 ml	

C

1 3·264 litres	**6** 7925 ml	**11** 425 ml
2 0·891 litres	**7** 2·716 litres	**12** 3740 ml
3 8·505 litres	**8** 9·033 litres	**13** 21 litres
4 4352 ml	**9** 0·659 litres	**14** 29·945 litres
5 1478 ml	**10** 5581 ml	

Mastery

4·5 litres = 4500 ml
1 litre, 300 ml and 80 ml = 1380 ml
200 ml, 10 ml and 5 ml = 0·215 litres

Page 88

A

1 0·5 kg 2·5 kg	**5** 1 kg 2·8 kg	**9** 300 g 650 g
2 75 g 95 g	**6** 40 g 170 g	**10** 27 kg 33 kg
3 2 kg 7 kg	**7** 12 kg 23 kg	
4 20 g 60 g	**8** 480 g 570 g	

B
1 a) 2000 g 7000 g
  b) 2 kg 7 kg
2 a) 50 g 300 g
  b) 0·05 kg 0·3 kg
3 a) 400 g 900 g
  b) 0·4 kg 0·9 kg
4 a) 150 g 350 g
  b) 0·15 kg 0·35 kg
5 a) 450 g 800 g
  b) 0·45 kg 0·8 kg
6 a) 80 g 260 g
  b) 0·08 kg 0·26 kg
7 a) 740 g 820 g
  b) 0·74 kg 0·82 kg
8 a) 26 000 g 37 000 g
  b) 26 kg 37 kg
9 a) 1800 g 2400 g
  b) 1·8 kg 2·4 kg
10 a) 560 g 740 g
  b) 0·56 kg 0·74 kg

C
1 a) 125 g 875 g
  b) 0·125 kg 0·875 kg
2 a) 3000 g 6500 g
  b) 3 kg 6·5 kg
3 a) 20 g 70 g
  b) 0·02 kg 0·07 kg
4 a) 75 g 225 g
  b) 0·075 kg 0·225 kg
5 a) 1600 g 3200 g
  b) 1·6 kg 3·2 kg
6 a) 150 g 375 g
  b) 0·15 kg 0·375 kg
7 a) 7600 g 8800 g
  b) 7·6 kg 8·8 kg
8 a) 495 g 565 g
  b) 0·495 kg 0·565 kg
9 a) 4800 g 6400 g
  b) 4·8 kg 6·4 kg
10 a) 195 g 235 g
  b) 0·195 kg 0·235 kg

Mastery
The scale on the left is showing the heavier weight as it is showing 1 kg (1000 g), whereas the other scale is only showing 95 g

Page 89
A
1 0·5 ℓ 2·5 ℓ
2 75 ml 175 ml
3 5 ℓ 9 ℓ
4 30 ml 50 ml
5 35 ml 90 ml
6 1·5 ℓ 5·5 ℓ
7 1·8 ℓ 2·6 ℓ
8 80 ml 160 ml

B
1 a) 1 ℓ 3·5 ℓ
  b) 1000 ml 3500 ml
2 a) 0·3 ℓ 0·7 ℓ
  b) 300 ml 700 ml
3 a) 0·02 ℓ 0·12 ℓ
  b) 20 ml 120 ml
4 a) 0·2 ℓ 0·8 ℓ
  b) 200 ml 800 ml
5 a) 0·6 ℓ 3·4 ℓ
  b) 600 ml 3400 ml
6 a) 0·15 ℓ 0·35 ℓ
  b) 150 ml 350 ml
7 a) 0·5 ℓ 1·2 ℓ
  b) 500 ml 1200 ml
8 a) 0·14 ℓ 0·26 ℓ
  b) 140 ml 260 ml

C
1 a) 0·25 ℓ 1·75 ℓ
  b) 250 ml 1750 ml
2 a) 0·375 ℓ 0·625 ℓ
  b) 375 ml 625 ml
3 a) 0·4 ℓ 1·8 ℓ
  b) 400 ml 1800 ml
4 a) 0·005 ℓ 0·035 ℓ
  b) 5 ml 35 ml
5 a) 0·27 ℓ 0·315 ℓ
  b) 270 ml 315 ml
6 a) 0·275 ℓ 0·425 ℓ
  b) 275 ml 425 ml
7 a) 0·125 ℓ 0·875 ℓ
  b) 125 ml 875 ml
8 a) 0·04 ℓ 0·155 ℓ
  b) 40 ml 155 ml

Mastery
The scale on the left is showing the larger capacity, as it is showing approx. 1 litre (1000 ml), whereas the scale on the right is showing approximately 180 ml

Page 90
A
1 800 g
2 4 km
3 3·54 ℓ
4 2 kg
5 2 cm
6 500 ml

B
1 2·66 m
2 180 g
3 1·65 ℓ
4 250 m
5 2·235 kg
6 3·6 ℓ

C
1 225 ml
2 445 g
3 7·5 cm
4 65 ml
5 350 g
6 6·445 km

Page 91
A
1 43 m
2 40 g
3 25p
4 200 litres
5 90p
6 25 cm

B
1 1·2 kg
2 20
3 800 ml
4 800 g
5 £4·80
6 150 ml

C
1 100 ml
2 2·05 m
3 49·5 litres
4 1·5 kg
5 5·9 km
6 £4·50

Page 92
A
1 13 cm
2 15 cm
3 15 cm
4 16 cm
5 12 cm
6 16 cm
7 8 cm
8 14 cm
9 20 cm
10 6 cm sides

Page 93
B
(allow +\− 0·2 cm)
1 15·0 cm
2 14·8 cm
3 16·0 cm
4 A 12 cm
  B 14 cm
  C 16 cm
  D 12 cm

C
1

Length (cm)	9	6	7	10	9	11	17	12	35	14
Width (cm)	3	2	3	4	8	2	8	9	15	4
Perimeter (cm)	24	16	20	28	34	26	50	42	100	36

2 40 cm
3 52 cm
4 48 cm
5 68 cm
6 18 cm
7 17 cm
8 24 cm
9 17 cm

Page 94
A
1 8 cm^2
2 9 cm^2
3 6 cm^2
4 7 cm^2
5 a) 7 cm^2
  b) 16 cm
6 a) 8 cm^2
  b) 12 cm
7 a) 4 cm^2
  b) 8 cm
8 a) 15 cm^2
  b) 16 cm

Page 95
B
1 a) 8 cm^2
  b) 18 cm
2 a) 7 cm^2
  b) 14 cm
3 a) 12 cm^2
  b) 20 cm
7 M 10 cm^2
  Z 8 cm^2

C

1 15 cm 2 14 cm 3 15 cm

4
Length	Width	Perimeter	Area
12 cm	3 cm	30 cm	36 cm²
8 cm	6 cm	28 cm	48 cm²
20 cm	5 cm	50 cm	100 cm²
14 cm	2 cm	32 cm	28 cm²
7 cm	5 cm	24 cm	35 cm²
24 cm	1 cm	50 cm	24 cm²
16 cm	4 cm	40 cm	64 cm²
10 cm	7 cm	34 cm	70 cm²

5 10 000
6 128
7 270 m²

Page 96

A

1 11 cm   4 36 cm   7 25 cm
2 10·8 cm 5 26 cm
3 9·5 cm   6 24 cm

B

1
Length	Width	Perimeter
8 cm	4 cm	24 cm
11 cm	6 cm	34 cm
6 cm	2 cm	16 cm
8 cm	7 cm	30 cm
10 cm	9 cm	38 cm
9 cm	5 cm	28 cm

2 a) x 4 m y 4 m   b) 26 m
3 a) x 5 m y 15 m b) 50 m
4 a) x 20 m y 6 m   b) 68 m

C

1
Length	Width	Perimeter
16 cm	9 cm	50 cm
4·5 cm	2 cm	13 cm
9·5 cm	5 cm	29 cm
11 cm	6·5 cm	35 cm
5·7 cm	4·8 cm	21 cm
3·3 cm	1·7 cm	10 cm

2 a) 6·5 m   b) 26 m²
3 260 m
4 a) 48 m   b) 60 m

Mastery

40 cm

Page 97

A

1 9 cm²   3 25 cm²   5 16 cm
2 16 cm² 4 21 cm²   6 42 cm²

B

1 a) 40 cm²   b) 26 cm
2 a) 160 cm² b) 56 cm

5
Length	Width	Area
10 cm	8 cm	80 cm²
7 cm	5 cm	35 cm²
9 cm	6 cm	54 cm²
11 cm	4 cm	44 cm²
15 cm	2 cm	30 cm²
12 cm	3 cm	36 cm²

C

1 a) 53 m²   b) 32 m
2 a) 252 m² b) 82 m
3 a) 500 m² b) 120 m

4
Length	Width	Perimeter	Area
8 cm	6 cm	28 cm	48 cm²
14 cm	5 cm	38 cm	70 cm²
17 cm	3 cm	40 cm	51 cm²
9 cm	5 cm	28 cm	45 cm²
12 cm	3 cm	30 cm	36 cm²
15 cm	6 cm	42 cm	90 cm²
25 cm	4 cm	58 cm	100 cm²
9 cm	8 cm	34 cm	72 cm²

Page 98

A

1 15 cm   7 56 m   13 140 m   19 80 cm
2 65 cm   8 47 m   14 300 m   20 50 cm
3 500 g   9 92 kg   15 320 ml   21 40 g
4 300 g   10 89 kg   16 150 ml   22 70 g
5 100 ml   11 71 litres 17 300 g   23 90 ml
6 600 ml   12 88 litres 18 160 g   24 30 ml

B

1 73 cm   7 35 cm   13 12 m   19 900 m
2 16 cm   8 67 cm   14 2·7 km   20 30 m
3 350 ml   9 950 g   15 2 litres   21 600 ml
4 950 ml   10 550 g   16 5·6 litres 22 70 ml
5 650 g   11 650 ml   17 1·8 kg   23 200 g
6 450 g   12 850 ml   18 6·3 kg   24 80 g

C

1 80 m   7 670 m   13 45 km   19 800 m
2 520 m   8 560 m   14 42 km   20 7000 m
3 770 g   9 840 ml   15 3·6 kg   21 90 g
4 290 g   10 580 ml   16 3·2 kg   22 500 g
5 830 ml   11 950 g   17 40 litres 23 6000 ml
6 340 ml   12 760 g   18 54 litres 24 40 ml

Page 99

A

1 £6·92   5 £11·91 9 £1·25   13 £9·17
2 £4·38   6 £5·46   10 £1·46 14 £8·45
3 £11·91 7 £1·55   11 £1·38
4 £9·37   8 £2·62   12 £1·84

B

1 £23·64	**5** £54·56	**9** £34·85	**13** £75·75
2 £59·70	**6** £128·94	**10** £17·36	**14** £32·83
3 £65·06	**7** £11·34	**11** £29·84	
4 £50·64	**8** £59·07	**12** £8·35	

C

1 £306·23	**5** £1074·43	**9** £146·68	**13** £544·21
2 £815·82	**6** £982·04	**10** £174·88	**14** £288·69
3 £473·20	**7** £107·68	**11** £67·67	**15** £870·93
4 £950·53	**8** £276·09	**12** £364·92	

Page 100

A

1 £1·06	**5** £2·34	**9** £18·50	**13** £11·70
2 £2·16	**6** £3·28	**10** £14·40	**14** £3·92
3 £3·20	**7** £19·20	**11** £14·40	
4 £2·25	**8** £37·10	**12** £29·60	

B

1 £10·08	**5** £29·05	**9** £25·28	**13** £50·70
2 £12·76	**6** £44·03	**10** £20·91	**14** £21·08
3 £21·33	**7** £15·16	**11** £10·60	
4 £39·60	**8** £34·32	**12** £16·38	

C

1 £12 929	**5** £38 514	**9** £166·98	**13** £293·20
2 £10 980	**6** £22 614	**10** £343·68	**14** £484·75
3 £35 136	**7** £368·83	**11** £322·88	**15** £32 931
4 £14 256	**8** £150·75	**12** £243·46	**16** £231·60

Page 101

A

1 £0·15	**5** £0·14	**9** £1·90	**13** £0·65
2 £0·17	**6** £0·23	**10** £0·16	**14** £0·25
3 £0·13	**7** £3·60	**11** £2·80	**15** £0·79
4 £0·18	**8** £0·14	**12** £0·17	

B

1 £0·47	**5** £0·36	**9** £9·50	**13** £0·35
2 £0·26	**6** £1·79	**10** £5·70	**14** $1·47
3 £0·38	**7** £8·30	**11** £4·80	**15** £7·50
4 £0·52	**8** £24·70	**12** £8·40	**16** £6·40

C

1 £3·67	**5** £9·26	**9** £92·70	**13** £78·30
2 £5·28	**6** £3·07	**10** £37·90	**14** £97·40
3 £4·93	**7** £63·90	**11** £58·20	**15** 146
4 £6·85	**8** £48·50	**12** £29·60	

Page 102

A

1 95p	**4** 45p	**7** 30p	**10** £1·20
2 £1·50	**5** 65p	**8** 16p	
3 8	**6** 45p	**9** 68p	

B

1 £1·52	**3** £113	**5** £235	**7** £1·35
2 83p	**4** £4·25	**6** 75p	

C

1 £3·05	**3** £407	**5** £117 500	**7** £4·80
2 25	**4** £5·65	**6** £50	**8** £32

Mastery

Any amount between £2·34 and £2·40, e.g. £2·37

Page 103

A

1 20p	**3** £75	**5** £94	**7** 40p
2 55p	**4** 5, 5p	**6** £1·90	

B

1 £480	**3** 9	**5** 86p	**7** 90p
2 £1·13	**4** £2·10	**6** £10·50	**8** £1·58

C

1 £858	**3** £26	**5** £12·85	**7** £91·20
2 35p	**4** £8·32	**6** £117	**8** £122·50

Page 104

A

1 a) 25 past 10		**b)** 10:25 pm	
2 a) 7 minutes to 8		**b)** 7:53 pm	
3 a) 13 minutes to 2		**b)** 1:47 am	
4 a) 21 minutes to 5		**b)** 4:39 pm	
5 a) 18 minutes to 7		**b)** 6:42 am	
6 a) 6 minutes past 2		**b)** 2:06 pm	
7 a) 28 minutes to 1		**b)** 12:32 pm	
8 a) 17 minutes to 9		**b)** 8:43 am	
9 a) 4 minutes past 9		**b)** 9:04 am	
10 a) 28 minutes past 3		**b)** 3:28 am	
11 a) 16 minutes past 5		**b)** 5:16 pm	
12 a) 24 minutes past 11		**b)** 11:24 pm	
13 a) 23 minutes to 3		**b)** 2:37 am	
14 a) 6 minutes to 10		**b)** 9:54 am	
15 a) 23 minutes past 7		**b)** 7:23 am	
16 a) 5 past 1		**b)** 1:05 pm	
17 a) 18 minutes past 8		**b)** 8:18 pm	
18 a) 12 minutes past 6		**b)** 6:12 am	
19 a) 2 minutes to 5		**b)** 4:58 pm	
20 a) 9 minutes to 11		**b)** 10:51 am	

Page 105

B

1

Time in words	12-hour clock	24-hour clock
4 minutes to 4	3:56 am	03:56
11 minutes past 12	12:11 pm	12:11
17 minutes to 6	5:43 pm	17:43
29 minutes past 9	9:29 am	09:29
3 minutes to 2	1:57 pm	13:57
26 minutes to 8	7:34 am	07:34
8 minutes past 11	11:08 pm	23:08
19 minutes to 3	2:41 am	02:41
1 minute to 9	8:59 pm	20:59
18 minutes past 4	4:18 pm	16:18
3 minutes past 6	6:03 am	06:03
24 minutes to 11	10:36 pm	22:36
8 minutes to 1	12:52 am	00:52

2 Minutes to next hour: 4, 49, 17, 31, 3, 26, 52, 19, 1, 42, 57, 24, 8

C

1 a) 17 minutes past 7   **b)** 7:17 am   **c)** 07:17
2 a) 8 minutes to 3   **b)** 2:52 pm   **c)** 14:52
3 a) 27 minutes to 11   **b)** 10:33 pm   **c)** 22:33
4 a) 27 minutes past 4   **b)** 4:27 am   **c)** 04:27
5 a) 9 minutes past 12   **b)** 12:09 pm   **c)** 12:09
6 a) 19 minutes past 11   **b)** 11:19 am   **c)** 11:19
7 a) 5 to 6   **b)** 5:55 pm   **c)** 17:55
8 a) 27 minutes past 8   **b)** 8:27 am   **c)** 08:27
9 a) 22 minutes to 2   **b)** 1:38 am   **c)** 01:38
10 a) quarter to 10   **b)** 9:45 pm   **c)** 21:45
11 16 hours 43 minutes
9 hours 8 minutes
1 hour 27 minutes
19 hours 33 minutes
11 hours 51 minutes
12 hours 41 minutes
6 hours 5 minutes
15 hours 33 minutes
22 hours 22 minutes
2 hours 15 minutes

12

Destination	Athens	Beijing	Dubai	Miami	Mumbai	New York
Departure	13:20	19:40	09:10	14:20	18:55	08:45
Arrival	17:05	05:35	16:00	22:45	04:20	15:10
Flight time	3 h 45 min	9 h 55 min	6 h 50 min	8 h 25 min	9 h 25 min	6 h 25 min

Mastery

12 am is midnight, so the pupil would not be allowed to eat lunch then!

Page 106

A

1 60   **6** 75   **11** 30   **16** 50
2 15   **7** 150   **12** 48   **17** 59
3 90   **8** 240   **13** 15   **18** 40
4 45   **9** 24   **14** 30
5 60   **10** 12   **15** 45

B

1 2   **7** 2   **13** 50   **19** 5
2 5   **8** $2\frac{1}{4}$ **14** 5   **20** 13
3 $5\frac{1}{2}$ **9** 35   **15** 40   **21** 168
4 3   **10** 20   **16** 15
5 $1\frac{1}{2}$ **11** 55   **17** 10
6 10   **12** 25   **18** 19

C

1 45   **9** 3 h 33 min   **17** 70
2 28   **10** 21 h 6 min   **18** 25
3 52   **11** 8 h 21 min   **19** 4
4 6   **12** 14 h 58 min   **20** $\frac{1}{2}$
5 39   **13** 28 days   **21** 720
6 14   **14** 84 days   **22** 744
7 41   **15** 10 days
8 27   **16** $2\frac{1}{2}$ days

Mastery

9 years × 12 months = 108 months

Page 107

A

1 30 days has September
April, June and November.
All the rest have 31,
Save for February alone,
Which has but 28 days clear,
And 29 in each leap year.
2 a) 31   **c)** 30   **d)** 31
3 a) 366   **b)** 365
5 a) 60   **b)** 30   **c)** 120   **d)** 600

B

1 $1\frac{1}{2}$ **5** 2   **9** 3   **13** 10
2 5   **6** 5   **10** 7   **14** $1\frac{1}{2}$
3 105   **7** 140   **11** 600   **15** 48
4 480   **8** 42   **12** 18   **16** 168
17 a) October 5th   **b)** March 3rd
18 a) January 27th   **b)** June 22nd

C

1 a) 3600   **b)** 900
2 a) 2 min 30 sec   **b)** 16 min 40 sec
3 a) 5 h 35 min   **c)** 9 h 53 min
   b) 12 h 19 min   **d)** 18 h 27 min
4 a) 12th June   **b)** 27th April
5 a) Saturday   **b)** Wednesday

Mastery

Dependent on date

Page 108

A

1 37 mins   **3** 20 mins   **5** 30 mins
2 45 mins   **4** 50 mins   **6** 55 mins

B

1 7:12   **4** 33 mins   **7** 11:40
2 1:41   **5** 4:19
3 10:52   **6** 8:24

C

1 6:23   **4** 1 h 29 mins   **7** 9:57
2 1 h 16 mins   **5** 5:55
3 3:30   **6** 4:32

Mastery

Yes, the year did change as they were playing. 125 minutes is 2 hours and 5 minutes. If they started playing at 10 pm, they would finish at 5 minutes past 12/midnight, so it would be a new year.

Page 109

A

1 26 mins   **3** 5:53   **5** 8:15
2 22 mins   **4** 35 mins   **6** 40 mins

B

1 12:19   **4** 4:18   **7** 52 mins
2 53 mins   **5** 12:10
3 8:45   **6** 8:21

C

1 3:23	**4** 4:25	**7** 6:13
2 3:21	**5** 9:07	
3 1 h 48 mins	**6** 12:50	

Page 110

A

1
- A 5 pentagon
- B 3 triangle
- C 4 quadrilateral
- D 7 heptagon
- E 8 octagon
- F 4 rectangle
- G 6 hexagon
- H 3 triangle
- I 4 quadrilateral
- J 7 heptagon
- K 3 triangle
- L 5 pentagon
- M 4 quadrilateral
- N 6 hexagon
- O 4 quadrilateral
- P 3 triangle
- Q 8 octagon
- R 4 square

2 B F L Q R
3 a) 1 **b)** 4 **c)** 3

Page 111

B

1 a) D **b)** B **c)** A **d)** B
2 a) I **b)** G J L **c)** G K **d)** H L
3 C F I M O R
4 A C D E G I J L M N O R
5 A E H J N R
6 C E F G L M N O Q R
7 B C H I K M O P
8 F L Q R
9 G I K L O
10 D E G J N Q

C

1

	More than 4 sides	Not more than 4 sides
Regular	A E J N	H R
Not regular	D G L Q	B C F I K M O P

2

	Symmetrical	Not symmetrical
Less than 5 sides	C F H M P R	B I K O
Not less than 5 sides	A D E J N Q	G L

Mastery

They are not right angles because the corner is curved, not an exact point.

Page 112

A

A isosceles	E isosceles	I isosceles
B right-angled	F equilateral	J equilateral
C equilateral	G right-angled	K scalene
D scalene	H scalene	L right-angled

B

1 c a, b and d are equilateral triangles, c is isosceles
2 b a, c and d are scalene, b is equilateral
3 c a, b and d are isosceles, c is scalene
4 a b, c and d are right-angled triangles, a is a right-angled isosceles triangle

Mastery

This is true – it can also be a scalene or an isosceles triangle

Page 113

A

1
- A rhombus
- B trapezium
- C square
- D parallelogram
- E rectangle
- F trapezium
- G kite

2 rhombus
3 trapezium
4 2 from rectangle, rhombus, parallelogram

B

2 a) rectangle, rhombus
  b) quadrilateral, parallelogram, (trapezium optional)
  c) parallelogram, rhombus
  d) kite
  e) rectangle, square, parallelogram, rhombus
  f) trapezium
  g) square, rhombus
  h) rectangle, parallelogram, kite

C

2 a) rectangle
    square
  b) rectangle
    rhombus
    square
    parallelogram
  c) rhombus
    kite
    square

Mastery

quadricep, quadruple, quadrillion, quadrant, quadruplet

Page 114

A

1 R P Z F
3 b (parallelogram)

B

1 a) C D **b)** B E
2 a) A F **b)** none

Mastery

Pupils' own responses.

Page 115

A

3 a) parallelogram or kite
  b) rhombus

C

4 a) 5 **b)** 0

Page 116

Mastery

These can be reflected. Pupils' own diagrams.

Page 118

A

1 B	**7** A less	G less
2 C	B greater	H less
3 E	C greater	I 90°
4 H	D 90°	J greater
5 J	E 90°	K greater
6 K	F less	L greater

B

1 C B A D	4 M O N	7 W Y X Z
2 H E G F	5 Q R S P	
3 K J L I	6 U T V	

8 A obtuse	J 90°	S obtuse
B 90°	K acute	T acute
C acute	L obtuse	U acute
D obtuse	M acute	V 90°
E acute	N acute	W acute
F obtuse	O acute	X obtuse
G 90°	P obtuse	Y acute
H acute	Q acute	Z obtuse
I obtuse	R acute	

C

1 D B C A	4 P N L O M	7 j h g i
2 G E F	5 a c b	8 k m n l
3 J I K H	6 f e d	

9 A obtuse	K 90°	e acute
B acute	L acute	f acute
C obtuse	M obtuse	g obtuse
D acute	N acute	h 90°
E obtuse	O acute	i obtuse
F obtuse	P acute	j acute
G obtuse	a acute	k acute
H obtuse	b acute	l obtuse
I acute	c acute	m acute
J acute	d acute	n obtuse

Mastery

45° = acute 60° = acute
110° = obtuse 178° = obtuse

Page 119

A

1 C3	7 A5	13 □ yellow
2 A2	8 B3	14 ○ blue
3 E4	9 ◊ blue	15 ○ yellow
4 B1	10 □ red	16 ○ orange
5 D3	11 △ blue	
6 C4	12 △ yellow	

17 a) B1 B2   b) F 6   c) D2 E2   d) B4 C4 E4

B

1 B3 B4 C1 C2 C3 D3 D4
2 F5 F6 F7 F8 G6 G8
3 A5 A6 A7 A8 B6 B8 C6 C7 C8
4 F1 F2 G1 H1 H2 H3 H4
9 5 a) rectangle   b) symmetrical
   6 a) octagon   b) symmetrical
   7 a) hexagon   b) not symmetrical
   8 a) octagon   b) not symmetrical

C

1 J	5 C	9 (2, 5)	13 (5, 2)
2 M	6 T	10 (4, 3)	14 (1, 4)
3 O	7 Z	11 (1, 0)	15 (0, 1)
4 W	8 X	12 (0, 5)	16 (2, 3)

Mastery

F6
D7

Page 120

A

1 R	7 M	13 (5, 3)	19 Z
2 T	8 U	14 (1, 4)	20 L
3 P	9 (0, 1)	15 (3, 1)	21 K
4 W	10 (2, 5)	16 (0, 2)	22 I
5 E	11 (4, 2)	17 T	23 N
6 A	12 (3, 0)	18 G	24 D

B

1 TOBY	5 JADE	9 F
2 MAUD	6 BORIS	10 O
3 KEVIN	7 L	11 X
4 PHIL	8 W	12 C

C

3 a) (0, 3) (2, 5) (3, 4) (1, 2)
  b) (2, 1) (4, 3) (5, 2) (3, 0)

Page 121

A

1 blue □	7 orange ○	13 (2, 0)
2 yellow △	8 yellow ○	14 (0, 1)
3 red ◊	9 (3, 2)	15 (5, 2)
4 orange △	10 (0, 4)	16 (4, 5)
5 blue ◊	11 (4, 1)	17 yellow ○
6 red △	12 (1, 5)	18 blue △

B

5 1. scalene triangle
   2. square
   3. rhombus
   4. rectangle
6 B (7, 5)
  D (1, 1)
  X (4, 3)
7 midpoint of:
  AD (1, 3)   BC (7, 3)
  AB (4, 5)   CD (4, 1)

C

1 (4, 0)
4 (0, 4) (1, 4) (2, 0) (2, 5) (4, 1) (4, 6) (5, 2) (6, 2)
5 (1, 6) (2, 5) (3, 0) (3, 6) (4, 1) (5, 0)

Page 122

A

1 yellow ○	6 yellow □	11 yellow □
2 red ○	7 yellow △	12 green ◊
3 red △	8 green □	13 red △
4 blue □	9 yellow ◊	14 red □
5 red □	10 green ○	15 yellow △

B

1 A2	6 E5	11 yellow △
2 D5	7 B1	12 green △
3 E1	8 D3	13 red ○
4 C2	9 blue △	
5 B4	10 green ◊	

C
1. (1, 7)
   (3, 5)
2. (7, 3)
   (5, 2)
5. (2, 0) (3, 3) (5, 1)
   (1, 6) (3, 7) (4, 5) (2, 4)

Page 123
B
4. a) A (3, 1) D (4, 5)   b) A (1, 3) (4, 4) D (3, 3) (6, 1)
      B (5, 3) E (1, 3)   B (3, 5) (6, 6) E (0, 5) (4, 2)
      C (2, 6) F (2, 2)   C (1, 4) (4, 2) F (1, 4) (5, 1)

C
2. a) (3, 3) (4, 5) (5, 2)
   b) (0, 1) (1, 3) (2, 0)
4. a) (4, 4) (5, 6) (6, 6) (5, 4)
   b) (0, 1) (1, 3) (2, 3) (1, 1)

Page 126
A
1. Pam   3. 11   5. 3   7. 29
2. Shawn   4. Becky   6. 9   8. 28

Page 127
B
1. guitar   3. a) 55   4. a) guitar   5. 15
2. flute   b) 40   b) trumpet   6. 15
                                         7. 55
                                         8. 95
                                         9. 295

C
1. Jazz   4. 75   7. 725
2. 175   5. 125   8. Delicious
3. Braeburn   6. 150   9. 1450

Mastery
The symbol represents half of 5, which is 2·5, and you cannot have half of one student.

Page 128
A
1. fog   3. 7   5. 3   7. 31
2. cloud   4. rain   6. 4   8. December

Page 129
B
1. a) cola   3. 90   6. 50   9. 340
   b) milk   4. tea   7. 130
2. milk   5. 190   8. 290

C
1. Thursday   4. 1000   7. a) 19 000
2. Saturday   5. 2500   b) 21 500
3. 4000   6. 8000

Page 130
A
1. passing   4. shooting   7. 4
2. shooting   5. 13   8. 9
3. 14   6. passing   9. 75

Page 131
B
1. Music   7. 10 minutes
2. Science   8. 15 minutes
3. 55 minutes   9. a) 2 hours 25 minutes
4. PE   b) 2 hours 15 minutes
5. 25 minutes   10. 50 minutes
6. French

C
1. samba   3. 15 000   5. 27 500   7. 32 500
2. 42 500   4. 12 500   6. 85 000   8. 202 500

Page 132
A
1. 10 children   3. 30   5. walking
2. 30   4. taxi   6. 200

Page 133
B
1. a) 7   2. 3   4. a) 20   5. 91
   b) 4   3. 2   b) 15

C
1. a) 12   2. 1   4. 43
   b) 8   3. 4

Mastery
9 is in both rows, so pupils who are 9 would not know which box to tick.

Page 134
A
1. yellow   6. Tanith was right.
2. 8   Black or blue used 40 times.
3. green   Total of times pens used is 80.
4. 10   40 is half of 80
5. 8

Page 135
B
1. a) 14°C   b) 9°C
2. March, November
3. a) May to June   b) October to November
4. a) 3°C   b) 16°C

C
1. 10:15   4. 70 miles   7. a) 100 miles
2. 10 miles   5. 12:30   b) 4 hours
3. 30 minutes   6. 30 minutes

Page 136
A
1. 13   5. 129 cm   9. 29 kg   13. 123 cm
2. 122 cm   6. 27 kg   10. 120 cm   14. 1
3. 29 kg   7. 13   11. 2   15. 31 kg
4. 1   8. 125 cm   12. 23 kg   16. 135 cm

Page 137
B
1 a) Camille   **b)** Lynda
2 Lance
3 a) 4   **b)** 7
4 William
5 Ameera, Camille, Alfie, Tyrone
6 Jordan
7 0 kg
8 2
9 a) 4   **b)** 7
10 William
11 a) Lance   **b)** Alfie
12 a) 7   **b)** 3
13 Ameera, Lance, Lynda, Courtney
14 Erin
15 William, Camille, Alfie
16 Ameera
17 Camille, Tyrone
18 a) 8   **b)** 3

C
1 Ameera
2 a) 4 cm   **b)** 2 kg
3 2
4 a) Erin   **b)** Tyrone
5 a) Lynda   **b)** Minnie
6 6
7 Erin, William, Minnie, Camille, Alfie, Tyrone
8 Lance, Camille, Jordan, Courtney
9 a) William   **b)** Alfie
10 Lance, Jordan
11 Erin, Minnie, Jordan, Ryan
12 Ameera, Ryan

Page 138
1 2634
2 5072
3 9250
4 4706
5 one thousand five hundred and eighty
6 three thousand four hundred and two
7 seven thousand and ninety
8 six thousand one hundred and twenty-nine
9 two thousand and five
10 eight thousand nine hundred
11 four thousand and thirty-seven
12 nine thousand seven hundred and forty-eight
13 400
14 60
15 2000
16 9
17 80
18 6000
19 6
20 200
21 4295
22 1608
23 3726
24 8740
25 5139
26 2072
27 8915
28 6347
29 7869 7896 7968 7986
30 4525 4552 5425 5452
31 2012 2021 2102 2120
32 2133 2311 2313 3121
33 41
34 55
35 151
36 112
37 3025
38 4264
39 1670
40 7029
41 3636
42 9604
43 4851
44 2297
45 7583
46 2058
47 8175
48 5919
49 a) 4940 **b)** 4900 **c)** 5000
50 a) 9750 **b)** 9800 **c)** 10 000
51 a) 5430 **b)** 5400 **c)** 5000
52 a) 1880 **b)** 1900 **c)** 2000
53 a) 5280 **b)** 5300 **c)** 5000
54 a) 1060 **b)** 1100 **c)** 1000
55 a) 4630 **b)** 4600 **c)** 5000
56 a) 9360 **b)** 9400 **c)** 9000
57 -4
58 -3
59 -6
60 -7
61 A -5 B 4 C -8 D -1
62 13
63 48
64 86
65 25
66 62
67 37
68 94
69 79
70 XXXIV
71 XVIII
72 LXV
73 XXIX
74 LXXXII
75 LVI
76 XLIII
77 XCVII

Page 139
1 150
2 1300
3 90
4 800
5 2134
6 2705
7 37
8 850
9 154
10 130
11 48
12 57
13 40
14 100
15 60
16 900
17 3247
18 5000
19 54
20 250
21 68
22 96
23 142
24 115
25 7313
26 5302
27 6061
28 7661
29 4415
30 647
31 4877
32 3517
33 3813
34 8052
35 1654
36 881
37 48
38 48
39 63
40 27
41 6
42 60
43 8
44 12
45 4
46 8
47 25
48 7
49 120
50 5600
51 7200
52 0
53 440
54 3500
55 500
56 90
57 700
58 80
59 60
60 800
61 6
62 8
63 60
64 120
65 54
66 88
67 360
68 8400
69 $1 \times 12, 2 \times 6, 3 \times 4$
70 $1 \times 55, 5 \times 11$
71 $1 \times 28, 2 \times 14, 4 \times 7$
72 $1 \times 40, 2 \times 20, 4 \times 10, 5 \times 8$
73 1×17
74 $1 \times 36, 2 \times 18, 3 \times 12, 4 \times 9, 6 \times 6$
75 $1 \times 45, 3 \times 15, 5 \times 9$
76 $1 \times 84, 2 \times 42, 3 \times 28, 4 \times 21, 6 \times 14, 7 \times 12$
77 3828
78 4285
79 1992
80 6210
81 35
82 74
83 28
84 93
85 2716
86 3942
87 5355
88 4688
89 95
90 76
91 28
92 57

Page 140
1. $\frac{2}{6}$
2. $\frac{4}{8}$
3. $\frac{2}{5}$
4. $\frac{1}{6}$
5. $\frac{2}{8}$
6. $\frac{8}{12}$
7. $\frac{2}{3}$
8. $\frac{5}{6}$
9. $\frac{9}{12}$
10. $\frac{8}{10}$
11. $\frac{2}{3}$
12. $\frac{1}{3}$
13. $\frac{4}{5}$
14. $\frac{8}{9}$
15. $\frac{8}{12}$
16. $\frac{5}{6}$
17. $\frac{7}{10}$
18. $\frac{7}{7}$
19. $\frac{6}{11}$
20. $\frac{2}{8}$
21. $\frac{2}{3}$
22. $\frac{3}{6}$
23. $\frac{6}{12}$
24. $\frac{3}{10}$
25. 12
26. 21
27. 8 litres
28. 14 cm
29. £11
30. 25p
31. 150 g
32. 560 ml
33. £360
34. 200 kg
35. 261 km
36. 4·8 m
37. $\frac{7}{10}$
38. $\frac{2}{8}$
39. $\frac{11}{12}$
40. $\frac{5}{9}$
41. 0·3
42. 0·72
43. 0·25
44. 0·6
45. 0·19
46. 0·5
47. 0·48
48. 0·9
49. 0·53
50. 0·75
51. 0·2
52. 0·86
53. a) 4·5 b) 0·45
54. a) 1 b) 0·1
55. a) 0·4 b) 0·04
56. a) 2·8 b) 0·28
57. a) 9·9 b) 0·99
58. a) 0·2 b) 0·02
59. a) 3 b) 0·3
60. a) 8·3 b) 0·83
61. a) 0·6 b) 0·06
62. a) 5·7 b) 0·57
63. a) 8 b) 0·8
64. a) 0·5 b) 0·05
65. $\frac{3}{100}$
66. $\frac{2}{10}$
67. 7
68. $\frac{6}{10}$
69. 3
70. $\frac{5}{100}$
71. 400
72. 30
73. $\frac{8}{100}$
74. 9
75. $\frac{5}{10}$
76. $\frac{6}{100}$
77. 1·05 1·15 1·5 5·11 5·5
78. 0·29 0·9 0·92 2·29 2·9
79. 3·08 3·38 3·8 8·3 8·33
80. 4·46 4·6 6·46 6·6 40·6
81. 5
82. 38
83. 6
84. 42
85. 2
86. 86
87. 19
88. 4
89. 28
90. 71
91. 3
92. 61

Page 141
1. 8·5 cm
2. 41 mm
3. 0·26 m
4. 9·93 m
5. 45 cm
6. 720 cm
7. 5·3 km
8. 1420 m
9. 3·8 kg
10. 8·26 kg
11. 2900 g
12. 740 g
13. 4·5 litres
14. 1·67 litres
15. 9100 ml
16. 6590 ml
17. 3 minutes
18. 300 seconds
19. 600 minutes
20. $1\frac{1}{2}$ hours
21. 2 years
22. 600 months
23. 3 weeks
24. 140 days
25. 9·8 cm
26. 10·4 cm
27. a) 32 cm b) 55 cm²
28. a) 48 cm b) 144 cm²
29. a) 58 m   b) 180 m²
30. a) $x = 9$ cm $y = 4$ cm b) 46 cm
31. a) $x = 7$ cm $y = 10$ cm b) 34 cm

32.

12-hour	24-hour
8:46 am	08:46
3:17 pm	15:17
9:53 am	09:53
10:09 pm	22:09
1:26 am	01:26
11:41 am	11:41
7:34 pm	19:34
2:02 pm	14:02
6:58 am	06:58
11:16 pm	23:16

33. £3·37
34. £680
35. 25p
36. 625 g
37. 160 ml
38. 2 m 60 cm

Page 142
1. a) B E H
   b) A D G
   c) A F H
   d) C E G
   e) B C E H
   f) B C F H
   g) none
   h) A E F H
3. C A D B
4. G E F
5. K H I J
6. a) D I
   b) A C E F G H K
   c) B J
9. C (2, 1) F (1, 4)
   K (5, 4) W (2, 5)
   L (4, 0) J (0, 1)
   H (3, 2) X (4, 3)
10. a) Q
    b) T
    c) M
    d) U
    e) B
    f) S
11. a) D
    b) N
    c) A
    d) J
12. right-angled isosceles triangle
13. rectangle

Page 143
TEST 1
1. 10 028
2. $\frac{18}{100}$
3. 650 ml
4. 108
5. −5
6. 8
7. 5640
8. 7 cm
9. 2410
10. 142
11. 42
12. $\frac{3}{8}$
13. 20
14. 60
15. £1·21
16. $\frac{5}{10}$
17. 39
18. LXXXVII
19. 7
20. 4900 g
21. 600
22. 5
23. 8:07
24. 29·7

TEST 2
1. 9
2. 1600
3. £111
4. 5094
5. 0·07
6. 5
7. −2°C
8. 3·16 km
9. 7500
10. 36 cm²
11. 64
12. $\frac{6}{10}$
13. 50
14. 72
15. 21:52
16. 2947
17. 123
18. 3·6 m
19. £1·85
20. 0·08
21. 8300
22. 12
23. £5·50
24. 3322